SCIENCE ET RELIGION
Études pour le temps présent

LE

SOCIALISME CONTEMPORAIN

ET LA PROPRIÉTÉ

APERÇU HISTORIQUE

PAR

Gabriel ARDANT

Auteur de la *Question Agraire*

DEUXIÈME ÉDITION

PARIS

LIBRAIRIE BLOUD ET BARRAL

4, RUE MADAME ET RUE DE RENNES, 59

1900

SCIENCE ET RELIGION

Études pour le temps présent. — Prix : 0 fr. 60 le vol.

— **Certitudes scientifiques et certitudes philosophiques**, par le R. P. DE LA BARRE, S. J., prof. à l'Institut catholique de Paris. 1 vol.

— *Du même auteur* : **L'Ordre de la nature et le Miracle.** 1 vol.

— **L'Ame de l'homme**, par J. GUIBERT, supérieur du séminaire de l'Institut catholique de Paris. 1 vol.

— **Faut-il une religion ?** par l'abbé GUYOT. 1 vol.

— *Du même auteur* : **Pourquoi y a-t-il des hommes qui ne professent aucune religion ?** 1 vol.

— **Nécessité scientifique de l'existence de Dieu**, par P. COURBET. 1 vol.

— *Du même auteur* : **Jésus-Christ est Dieu.** 1 vol.

    id. **Convenance scientifique de l'Incarnation.** 1 vol.

— **Etudes sur la pluralité des mondes habités et le dogme de l'Incarnation**, par le R. P. ORTOLAN

I. — *L'Epanouissement de la vie organique à travers les plaines de l'infini.* 1 vol.

II. — *Soleils et terres célestes.* 1 vol.

III. — *Les Humanités astrales et l'Incarnation.* 1 vol.

— *Du même auteur* : **La Fausse Science contemporaine et les Mystères d'Outre-tombe.** 1 vol.

    id. **Vie et Matière ou Matérialisme et spiritualisme en présence de la Cristallogénie.** 1 vol.

    id. **Matérialistes et Musiciens.** 1 vol.

— **L'Au-delà ou la Vie future d'après la foi et la science**, par l'abbé J. LAXENAIRE. 1 vol.

— **Le Mystère de l'Eucharistie. — Aperçu scientifique**, par l'abbé CONSTANT. 1 vol.

— *Du même auteur* : **Le Mal, sa nature, son origine, sa réparation.** 1 vol.

— **L'Eglise catholique et les Protestants**, par G. RONAIN. 1 vol.

— *Du même auteur* : **L'Inquisition, son rôle religieux, politique et social.** 1 vol.

— **Mahomet et son œuvre**, par I. L. GONDAL, professeur d'apologétique et d'histoire au séminaire Saint-Sulpice. 1 vol.

— *Du même auteur* : **L'Eglise Russe.** 1 vol.

— **Christianisme et Bouddhisme** (*Etudes orientales*), par l'abbé THOMAS, vicaire général de Verdun. 2 vol.

— *Du même auteur* : **Dieu auteur de la vie.** 1 vol.

    id. **La Fin du monde d'après la Foi.** 1 vol.

— **Où en est l'hypnotisme, son histoire, sa nature et ses dangers**, par A. JEANNIARD DU DOT, auteur du *Spiritisme dévoilé*. 1 vol.

— *Du même auteur* : **Où en est le Spiritisme.** 1 vol.

    id. **L'Hypnotisme et la science catholique.** 1 vol.

    id. **L'Hypnotisme transcendant en face de la philosophie chrétienne.** 1 vol.

SCIENCE ET RELIGION
Études pour le temps présent

LE
SOCIALISME CONTEMPORAIN

ET LA PROPRIÉTÉ

APERÇU HISTORIQUE

PAR

Gabriel ARDANT

Auteur de la *Question Agraire*

PARIS

LIBRAIRIE BLOUD ET BARRAL

4, RUE MADAME ET RUE DE RENNES, 59

1900

LE SOCIALISME CONTEMPORAIN

INTRODUCTION

Le fort écrasant le faible, tel est le spectacle que nous donne l'histoire des animaux, et que nous donnerait celle des hommes, si les *individus* restaient en présence, sans contrôle et sans barrières.

L'organisation de ce contrôle, l'établissement et le maintien de ces barrières, en un mot la protection des faibles, voilà la raison d'être des sociétés humaines.

Quand cette protection est efficace, règne la paix sociale. Lorsque les faibles sont insuffisamment défendus, ils se révoltent et sous des étiquettes diverses deviennent des « socialistes ».

Un coup d'œil rapide sur l'histoire le démontrera sans peine.

Le règne de l'égoïsme et du droit des plus forts est le trait caractéristique de la civilisation païenne ; il se manifeste par le fétichisme du dieu Terme et a son expression dans le droit absolu de propriété : « jus utendi et abutendi ». Un régime où il n'y a aucune limite à l'extension de la propriété individuelle, aucun tempérament à son usage, aucune responsabilité à son exercice, où l'intérêt et l'impôt enlèvent au travail le meilleur de son fruit, aboutit pour la majorité à l'exclusion complète de toute propriété. Aussi les classes se forment, leur division s'accentue, les luttes éclatent, l'étranger survient et les nations finissent. C'est l'histoire des républiques de la Grèce, de Carthage, de Rome.

Après plusieurs siècles la fraternité chrétienne triomphe de l'égoïsme païen et devient le principe des relations humaines.

Elle pénètre tout le corps social, inspire l'économie et le droit public.

La propriété individuelle, simple usufruit de l'homme dans le domaine divin, est bornée dans son objet par l'abolition de l'esclavage, restreinte dans sa jouissance par la dîme régulière et limitée dans son développement par la propriété ecclésiastique, celle dernière patrimoine des pauvres et obstacle efficace contre l'accaparement de la terre par une minorité riche.

La théologie chrétienne déclare la propriété individuelle en délégation d'usufruit dans le domaine divin, et l'Église imprègne de cette doctrine les lois et les mœurs du moyen âge.

Tant que son influence reste dominante, tout n'est pas approprié sous forme individuelle et rien ne l'est à titre absolu. Chaque homme est investi d'un droit effectif, particulier ou collectif, direct ou indirect, à l'usage des biens terrestres. Tout droit a pour base un service rendu, pour raison d'être une fonction remplie ; inséparable du devoir qu'il suit ou entraîne, il n'est pas un instrument de l'égoïsme individuel, mais un agent de solidarité sociale. L'ensemble de la société constitue une hiérarchie dont les membres sont liés entre eux par des obligations réciproques destinées à attacher étroitement le sol aux familles qui y ont des titres divers, et à sauvegarder ainsi la stabilité générale.

La décadence de cette organisation date de la Renaissance. Quand Byzance tombe aux mains des Turcs, ses lettres se réfugient en Italie, où ils réveillent le goût et la culture des ouvrages de l'antiquité. Bientôt reproduits par l'imprimerie, les livres des auteurs grecs et romains se répandent parmi les classes instruites d'Europe et familiarisent les esprits avec cette civilisation païenne, dépourvue de tout principe supérieur, qui divinisait l'humanité et la matière.

Quand les intelligences furent habituées par le commerce des lettres antiques à chercher leur vie en dehors du Christianisme, elles sentirent le besoin de s'émanciper tout à fait de l'autorité religieuse et le monde préparé par la Renaissance se trouva mûr pour la Réforme qui proclama l'indépendance de la raison. Les grands, impatients du contrôle de l'Église qui gênait leur cupidité, les princes lassés de sa tutelle qui contrariait leur ambition, furent les meilleurs alliés du rationalisme. L'équilibre entre les droits et les devoirs fut rompu ; la royauté et la propriété perdirent leur caractère originel de fonction et de charge ;

les rois sur leurs trônes, comme les propriétaires dans leurs domaines, travaillèrent à se rendre absolus. Là même où la révolution n'atteignit pas entièrement son but, la sécularisation de l'Etat, ses conséquences indirectes se firent sentir. D'un côté le régalisme mit la hiérarchie ecclésiastique sous la dépendance du pouvoir civil. De l'autre, les nécessités de la lutte économique avec les peuples qui s'affranchissaient des lois de l'Eglise, rendirent de plus en plus difficile leur observation rigoureuse, relativement à l'intérêt, au juste prix, au respect des jours fériés ; Karl Marx a dit que « le protestantisme était un Christianisme rabaissé au niveau des appétits de la classe bourgeoise ».

L'évolution antichrétienne poursuit pendant deux siècles une marche latente et sourde ; l'expression et le résultat en sont la Révolution de 1789, qui fait table rase du passé, déifie la raison et propage le *Contrat social* de Rousseau. Le droit international, le droit public et le droit privé s'émancipent de la loi chrétienne. La sécularisation des lois et de l'économie suit celle des biens ecclésiastiques. Le rôle social public du Christianisme passe à l'état de souvenir.

Aussi l'égoïsme des temps païens reparaît en maître, on s'incline devant lui en l'affublant du nom d'action naturelle et de lutte pour l'existence. Le faible ne trouve plus de garanties positives : la jouissance, l'extension, le développement de la propriété individuelle n'ont pas de limites. Il n'existe presque plus de biens communaux, ecclésiastiques ou corporatifs, réservés en tout ou partie aux pauvres, mais seulement des biens collectifs qui se forment par le groupement de ressources individuelles, reçoivent de la loi une personnalité fictive et servent au seul profit des capitalistes. Les individus qui ne possèdent rien n'ont vraiment rien. La loi leur dénie, avec le droit à l'assistance, le droit au travail, et les punit en cas de vagabondage ; mesure inique, puisque sans droit effectif à l'usufruit d'aucun bien, sans droit certain à aucun appui, ils n'ont pas même un travail assuré. Le système économique basé sur le prêt à intérêt réduit à l'état de lettre morte le précepte des Livres saints qui ordonne à chacun de travailler pour vivre. Il rend son observation illusoire ou impossible, en fournissant à quelqu'un le moyen de vivre du labeur de ses semblables et d'en absorber le fruit. Droit et profit de travailler cessent pour la masse dès que, grâce au prêt à intérêt, une minorité n'en comprend plus le devoir et n'en sent plus la nécessité. Quand on reconnaît au capital le droit d'être productif, il tend à en garder seul le pouvoir. L'intérêt et l'impôt, prélevés sur les produits du travail, ne sont plus, comme dans l'antiquité, deux forces indépendantes, mais forment pour ainsi dire deux forces accouplées ; c'est au payement des intérêts de la dette publique qu'est aujourd'hui consacrée la plus grande part des impôts. Ceux qui, à l'exemple des droits pro'ecteurs, frappent les objets de consommation, sont une hypothèque manifeste sur le travail.

Peut-on s'étonner de la souffrance de ceux à qui manque le seul levier du jour, l'argent ? Doit-on s'irriter des revendications des sacrifiés de la civilisation moderne ?

Rabaissé par tout le système économique au rang d'animal ou de marchandise, l'homme réagit ; sa réaction est brutale et il fait appel à la force que les théories régnantes lui montrent aujourd'hui comme le seul, suprême et légitime arbitre.

Le mouvement socialiste, révolutionnaire et communiste de nos jours est la résultante de tout le régime social actuel.

Le socialisme contemporain prétend à coups de décrets et de lois, c'est-à-dire par l'Etat, faire régner un âge d'or égalitaire. très propre à séduire les cœurs ulcérés des victimes de l'époque chaotique.

D'autre part, il vise directement et spécialement la terre, et en cela il s'inspire de la tradition du socialisme d'autrefois. C'est toujours la question agraire comme au temps de Solon et des Gracques, et c'est justement cette forme historique qui explique et justifie le modeste travail que nous présentons ici.

LE MOSAISME

Les Juifs d'aujourd'hui — tribus d'anarchistes campés sur le sol européen, danger permanent non seulement pour les nationalités, mais encore pour la paix sociale et la stabilité terrienne, — n'ont rien de commun avec les Hébreux d'autrefois.

Ceux-ci pratiquent un code de pillards internationaux, le Talmud ; ceux-là suivaient la législation mosaïque, législation que Dieu lui-même avait inspirée.

Jetons un coup d'œil sur cette législation.

Les événements se rattachent à trois institutions principales : *le sabbat, le septennat, le jubilé.*

Tous les sept jours, chacun doit interrompre son ouvrage ; tous les sept ans, le sol et les arbres doivent être laissés en repos, les dettes remises, les esclaves libérés ; à l'expiration de sept semaines d'années, les terres aliénées doivent faire retour à leurs premiers possesseurs. Toutes ces mesures restreignent le droit individuel, en tempèrent l'exercice, en corrigent les effets et l'empêchent de prendre un caractère d'absolutisme. La limite du travail, le resserrement du crédit et de la production, les obstacles à la circulation de la propriété, ont pour but et pour conséquence de rappeler à l'esprit de l'homme la pensée du Créateur, de protéger la liberté de tous et de fonder la stabilité des familles.

Le travail est obligatoire : devant cette loi l'égalité de tous est absolue. Pas d'existence stérile et inoccupée.

Mais le travail est pénible et fatigant, les forces humaines qui sont bornées ont, par intervalle, besoin d'une détente.

Le sabbat ou suppression complète, générale et périodique de la vie laborieuse, souvenir du septième jour de la création, remédie à ce besoin.

Le septennat confirme le principe du sabbat, en précise le sens et en complète les effets. Tous les sept ans, l'État, saisi par l'engrenage divin, entre dans le repos. Voici ce que dit la loi :

« Parlez aux enfants d'Israël, et dites-leur : Quand vous serez entrés dans la terre que je vous donnerai, observez le sabbat des années aussi bien que celui des jours, en l'honneur du Seigneur. »

« Vous sèmerez donc votre champ six ans de suite, et vous taillerez aussi votre vigne et vous en recueillerez les fruits durant six ans. »

« Mais la septième année, ce sera le sabbat et le repos de la terre, consacré en l'honneur du repos du Seigneur. Vous ne sèmerez point votre champ cette année-là et vous ne taillerez point votre vigne. »

« Vous ne moissonnerez point ce que la terre aura produit d'elle-même ; vous ne recueillerez point les raisins de la vigne dont vous avez été accoutumé d'offrir les prémices, vous ne les recueillerez point, comme pour faire vendange ; car c'est l'année du repos de la terre, où vous ne mettrez rien en réserve pour vous. »

« Mais tout ce qui naîtra alors de soi-même, servira indifféremment à vous nourrir, vous, votre esclave et votre servante, le mercenaire qui travaille pour vous et l'étranger qui demeure parmi vous. »

Tous les sept ans, le sort des malheureux est amélioré ; ils ont droit pour leur consommation à tout ce qu'ils trouvent, et leurs bestiaux ont partout libre pâture.

Le second effet du septennat, c'est d'atténuer ou plutôt de faire cesser, par la remise des dettes et la libération des esclaves, d'autres inégalités. L'année sabbatique, en éteignant les dettes, remet le créancier et le débiteur sur un pied d'égalité. Le débiteur qui ne peut s'acquitter dans un laps de sept ans, est supposé hors d'état de le faire plus tard. S'il est pauvre, il n'a que juste le moyen de vivre et de ne pas mourir de faim ; comment le laisser chargé d'un poids qui pèserait sur lui et sur ses descendants? Faut-il que, pour un moment de malheur, d'imprudence ou de négligence, la chute d'une famille soit irréparable ? Le législateur aime mieux relever le pauvre et faire supporter la perte au riche qui, par bienfaisance, devrait consentir au même sacrifice. Cette perte ne peut jamais, du reste, être très sensible, le prêteur n'étant pas pris au dépourvu et sachant à quoi il s'expose. L'extinction sabbatique, mesure régulière et prévue, n'a rien de commun avec les abolitions de dettes que, dans les Républiques païennes, le peuple arrachait un jour de révolution à un gouvernement faible ou démagogique et qui ne dénouaient des situations inextricables qu'au mépris de tous les droits acquis.

La libération des esclaves ou la cessation des engagements onéreux suit naturellement la remise des dettes. Car c'est pour acquitter directement une dette ou pour acquérir de quoi la rembourser qu'un homme engage son travail. Quand arrive l'année sabbatique, il a le choix de reprendre son indépendance ou de contracter un nouvel engagement, qui alors ne cesse plus qu'au jubilé suivant. S'il veut profiter du septennat, son maître ne peut le laisser partir les mains vides ; il doit lui fournir quelques têtes de bétail avec du blé ou du vin. On voit par là quel abîme sépare le serviteur hébreu de l'esclave romain.

La trilogie des institutions mosaïques, destinées à ramener le peuple dans les voies de l'égalité dont le libre jeu des forces humaines tendrait constamment à l'écarter, se complète par le jubilé. Voici les prescriptions du Lévitique à cet égard :

« Vous sanctifierez la cinquantième année et vous publierez la liberté pour tous les habitants du pays, parce que c'est l'année du jubilé. Tout homme rentrera dans son bien et chacun retournera à sa famille primitive. »

« Parce que c'est l'année du jubilé, l'année cinquantième, vous ne sèmerez point et vous ne moissonnerez point ce que la terre aura produit d'elle-même, et vous ne recueillerez point les prémices de vos vignes. Afin de sanctifier le jubilé, vous mangerez ce que vous trouverez. »

« En l'année du jubilé, tous rentreront dans les biens qu'ils avaient possédés. Quand vous vendrez quelque chose à un de vos concitoyens ou que vous achèterez de lui quelque chose, ne faites pas de tort à votre frère ; mais achetez de lui à proportion des années qui se sont écoulées depuis le jubilé, et il vous vendra à proportion de ce qui reste de temps pour en recueillir le revenu. Plus il restera d'années jusqu'au jubilé suivant, plus le prix de la chose augmentera, et moins il restera de temps jusqu'au jubilé, moins s'achètera ce qu'on achète ; car ce qui t'est vendu, c'est une période de récoltes. »

Cette loi est nette et catégorique, son but clairement indiqué ; elle vise d'abord la destruction des inégalités économiques que laisse subsister le septennat. Il ne faut pas qu'un homme, réduit par des circonstances malheureuses à se dessaisir de son domaine, en soit dépossédé pour toujours ; l'année jubilaire, chacun doit rentrer dans son bien.

La loi, en défendant l'aliénation perpétuelle de la propriété, transforme la vente en une aliénation temporaire de revenu : le mot même est dans le Lévitique. Vendre un champ, c'est l'abandonner à un créancier qui en perçoit les fruits jusqu'au remboursement de ses avances ou jusqu'au jubilé. Le contrat de vente n'est qu'un contrat d'antichrèse. Se conformant à l'inspiration du Seigneur, le législateur des Hébreux se garde de faire de la terre une chose appropriable comme le produit d'un travail, de la reconnaître comme un capital. Il traite la propriété foncière comme un droit permanent au travail sur la part d'un fonds commun, droit concédé en vue de l'utilité générale. On n'a le bénéfice de ce droit qu'en l'exerçant ; le travail seul en fait ressortir les effets. C'est ce droit que l'homme peut aliéner temporairement, que la loi suspend périodiquement par le sabbat et le septennat, que par le jubilé elle maintient à perpétuité dans les familles. La propriété urbaine n'a pas ce caractère ; elle est un produit, un capital. Aussi le législateur ne la soumet-il pas au régime de la propriété rurale ; car il ne distingue pas les biens, selon leur nature, en meubles et immeubles, mais suivant le rôle que l'homme a dans leur appropriation.

Il y a des précautions prises contre tout ce qui peut porter atteinte à la stabilité du bien familial.

Toute vente doit être faite sous condition de rachat. Les enfants mâles seuls ont droit de succession. A leur défaut une fille reçoit l'héritage, mais, pour le maintenir dans la famille, elle est tenue d'épouser son plus proche parent. Quand un homme meurt sans enfants, sa veuve doit épouser le frère du mort, ou, s'il décline cette obligation, son plus proche parent.

Le domaine que des circonstances malheureuses font sortir d'une famille revient en sa possession au bout d'un délai maximum de 49 ans, et si, dans cette période, le malheureux dépossédé vient à manquer du nécessaire, son droit à l'existence est reconnu, sa subsistance assurée comme nous l'allons voir, grâce à la part régulière que les propriétaires doivent prélever sur leurs ressources, pour faire face à de semblables besoins.

Ce n'est pas tout.

De nombreux préceptes empêchent enfin la propriété individuelle de devenir exclusive et de perdre le caractère d'utilité publique qui est sa raison d'être. Ils la frappent de certaines servitudes régulières au profit de ceux qui ne possèdent rien.

Chaque propriétaire doit tous les ans payer une dîme

simple et tous les trois ans une double; il emploie la première à faire une offrande lors de sa visite annuelle au temple du Seigneur, il réserve la seconde et la répartit aux Lévites, aux étrangers, aux veuves et aux orphelins de son voisinage. Il les invite à de grands repas plusieurs fois par an, lors des fêtes qui suivent la moisson et les vendanges.

Non seulement un propriétaire n'a pas la jouissance complète, la disposition entièrement libre des fruits de son travail et du revenu de ses champs, mais, dans l'emploi de ce qu'il possède, dans l'exploitation de ses biens, il est encore tenu d'observer des règles modératrices faites pour lui rappeler que la terre doit avant tout fournir les moyens de subsistance générale.

« Quand tu feras la récolte dans ton champ, et que tu y auras oublié une gerbe, tu ne retourneras point pour l'emporter; quand tu auras secoué ton olivier, tu n'y reviendras point après. Quand tu auras vendangé ta vigne, tu n'y glaneras point après, ce sera pour l'étranger, la veuve et l'orphelin. »

« Quand la moisson se fera sur la terre, tu ne couperas pas tout à fait les coins et les bouts de ton champ, tu ne ramasseras pas les épis isolés; mais tu laisseras tout cela pour le pauvre et l'étranger. »

« Quand tu auras prêté quelque chose à ton prochain, tu n'entreras point dans sa maison pour emporter un gage; tu te tiendras dans la rue et celui à qui tu as prêté apportera lui-même le gage au dehors. Est-il nécessiteux et t'a-t-il engagé son vêtement, tu ne coucheras point avec son gage dans ta maison et tu le lui rendras au coucher du soleil, et cela sera une justice, une aumône devant l'Éternel. Autrement, s'il crie vers moi, je l'exaucerai, car je suis miséricordieux. »

« Quand un de tes frères habitant avec toi quelque ville tombera dans l'indigence, tu n'endurciras pas ton cœur et ne lui fermeras pas ta main; mais ouvre-le-lui et prête-lui tout ce dont tu verras qu'il aura besoin.

« Je t'ordonne d'ouvrir la main à ton frère pauvre et indigent qui habite avec toi dans ton pays. »

Ces différentes prescriptions créent, en faveur de ceux à qui la loi refuse ou à qui le malheur enlève la jouissance des biens personnels, un usufruit sur des patrimoines inaliénables. La stabilité des héritages intéressait ainsi le peuple entier.

Cette législation tant qu'elle a été appliquée a garanti la paix sociale, la fécondité de la population et la richesse du sol.

C'est à partir du jour où l'influence corruptrice des Chamites s'est répandue dans le peuple de Dieu, que nous assistons à sa désorganisation, et cette désorganisation, il la promène chez tous les peuples où sa vie errante l'entraîne.

————

ROME

Moïse cherchait et réalisait la protection du pauvre et du faible.

Parmi les païens au contraire — ainsi que nous allons le voir rapidement — le droit a pour but d'assurer la domination des forts. L'usine, cette pourvoyeuse de l'esclavage, leur servait de moyen de gouvernement ; elle était le frein de la classe pauvre asservie au riche. Voyons plutôt.

Qui ne connaît l'âpreté du droit créancier à Rome, reflet fidèle de l'origine de la propriété chez ce peuple conquérant ? « La propriété la plus légitime aux yeux de nos ancêtres, disait Gaius, était celle qu'ils avaient acquise à la guerre. » Aussi avec quelle cruauté le possesseur cherche-t-il à défendre un bien que la violence lui a départi et que lui assure l'usage fondé sur les droits de la conquête ! L'insolvable est traité comme un voleur; la loi accorde au créancier ce que Shylock exige de son ennemi mortel. La libération de la personne du débiteur ne fut reconnue définitivement que par César.

Appuyé sur ce droit implacable, le prêt à intérêt fait au mois et jamais à l'année ne pouvait être que lucratif. Ne nous étonnons donc point de voir les capitalistes des villes rechercher avec empressement un placement de l'excédent de leurs capitaux en forme d'avances à la campagne. C'est en vain que ces révoltes successives, dont nous avons signalé les plus importantes, réclament un adoucissement aux lois contre le débiteur, une entrave à la pratique de l'usure. A partir de la première guerre Punique la défense du prêt à intérêt formulé par le plébiscite Genucien n'est plus observée et on prête communément jusqu'à 12 %.

On comprend les haines et les colères que cette guerre de l'argent contre le travail, qui empruntait les formes les plus rigoureuses du droit, amasse sur la tête des prêteurs usuraires. Malgré leur complicité tacite, les hommes du pouvoir eux-mêmes se croient obligés de les flétrir.

Ainsi Caton, au début de son livre sur l'agriculture : « Il est parfois avantageux, dit-il, de faire le commerce, mais on y risque fort, et aussi de prêter à intérêt, mais c'est chose peu honorable. Nos pères ont donc voulu, et ils l'ont écrit dans la loi, que le voleur rende le double et l'usurier le quadruple ! Par où l'on voit qu'à leurs yeux, de l'usurier ou du voleur, le pire citoyen c'est le premier ! »

Ailleurs, il professe qu'entre le prêteur d'argent et l'assassin il ne met pas grande différence.

Sous les coups de l'usure et du « capitalisme » ont déjà disparu le métayer et le petit propriétaire ; le fermier ne tarde pas à avoir le même sort et perd dans cette évolution économique jusqu'à sa liberté. Les fermiers qui ne pouvaient payer, dans le cas le plus favorable, c'est-à-dire s'ils trouvaient une caution, laissaient aux mains du créancier tous les instruments de travail, mais au moins leur personne était sauve. Ceux qui n'avaient pas trouvé de répondant (c'était le cas le plus ordinaire) étaient liés aux créanciers par leur dette. Pour quitter la terre, il fallait qu'ils payassent leur dette ou qu'ils fournissent une caution. La terre les retenait à titre de débiteurs.

Varron et Columelle parlent de cette situation. Écoutons le premier (*De re rustica*, 1. 17). « Des terres, dit-il, sont cultivées par des esclaves ou par des hommes libres. Ces hommes libres sont ceux que dans la langue des campagnes on appelle les endettés (*obærati*). Les grands propriétaires, dit-il encore, possèdent d'immenses territoires dont ils ne pourraient faire le tour, même à cheval, mais ils ne trouvent pas assez de bras pour les mettre en valeur; une partie reste inculte, livrée à la vaine pâture ou à la garenne. Le reste n'est cultivé que par des esclaves ou par des citoyens endettés. » L'homme, entré libre fermier sur le domaine, s'y trouve retenu comme débiteur, il est surveillé par le villicus, intendant du maître, qui est un esclave. Visiblement, il tombe à l'état d'inférieur, de sujet des serviteurs. « Bien qu'il conserve son titre d'homme libre et de citoyen romain, dit M. F. de Coulanges, il est désormais en dépendance. Il dépend non seulement du maître, mais même des esclaves du maître.

« Ainsi, cet homme qui était arrivé sur le sol à l'état de fermier libre et en vertu d'un contrat temporaire, est tombé de chute en chute, de dette en dette, dans une sujétion presque perpétuelle. Il est à peu près impossible qu'il en sorte puisqu'il ne pourra jamais se libérer. Il restera là toute sa vie et ses fils y resteront après lui, écrasés de sa condition comme de sa dette. »

Au septième siècle avant J.-C., Rome avait triomphé de ses ennemis et son empire territorial désormais assuré s'étendait sur les trois continents. Mais tandis que rayonnait au loin cette gloire, de près la dissolution sociale minait tout l'édifice si laborieusement élevé.

La destruction de la classe paysanne était alors un fait accompli. Là où autrefois des familles de libres citoyens habitaient et trouvaient à vivre, on ne voyait plus que des bandes d'esclaves marqués au fer rouge, les ceps aux jambes, travaillant à la glèbe sous la surveillance du régisseur. La décroissance de la population libre suivait une telle pente qu'elle ne devait plus compter bientôt que des millions d'esclaves et une poignée de planteurs. La conséquence était l'extinction de la forte race plébéienne où se recrutaient les légions, et l'arrêt même de la culture. En Campanie, le territoire le plus fertile de l'Italie, 528 000 jugera étaient en friches. « On rapporte, dit Plutarque, que Tiberius Gracchus, en traversant l'Etrurie pour aller de Rome à Numance, vit ce beau pays désert et cultivé seulement par des étrangers et des barbares, et que ce spectacle affligeant lui donna la première pensée du projet qui fut pour lui et pour son frère la source de si grands malheurs. »

Pour comprendre la nature du remède qui fut proposé par les Gracques, il faut se rappeler que les Romains avaient un temps compris la nécessité d'une réserve de sol disponible et constitué un patrimoine commun aux déshérités.

Quand les Romains avaient conquis un territoire, ils en abandonnaient une portion aux populations vaincues, et en retenaient une autre pour eux-mêmes, de préférence les domaines des rois vaincus. La seconde, qu'on appelait *ager publicus*, recevait diverses destinations : certaines terres étaient vendues au profit du Trésor par le ministère des questeurs et s'appelaient *agri quæstorii*; les forêts et les pâturages étaient exclus de la distribution des terres pour que l'usage en restât commun à tous et que chaque citoyen y pût envoyer paître son bétail et prendre le bois nécessaire à sa consommation — c'était une sorte de communal.

Une autre partie de l'*ager publicus* était attribuée collectivement, avec ou sans fondation de colonies, aux citoyens nécessiteux. Ces assignations avaient, pendant la période des conquêtes, compensé l'inégalité excessive des conditions, et, alors que l'immense majorité des citoyens était privée de la propriété foncière, donnait à quelques-uns l'équivalent de cette propriété.

Les terres non assignées qui n'étaient ni forêts, ni pâturages, étaient l'objet, au profit des citoyens, d'un droit particulier appelé *possessio*. « Très anciennement, dit Appien, le Sénat avait promis à qui voudrait les défricher, la jouissance des terres vaines et vagues appartenant à l'État. » Rien de plus simple que l'acquisition de ce droit de jouissance. On allait devant soi et on prenait par droit d'occupation tout ce qu'on croyait pouvoir cultiver. L'État faisait payer une redevance périodique, *vectigal*, pour la jouissance de ces biens qui restaient toujours sa propriété.

C'est cet *ager publicus* sous ces divers aspects qui excita la convoitise des riches, et qu'ils accaparèrent morceau par morceau.

Dès l'avènement de la république, les pâtures publiques sont accaparées par les citoyens « de droit meilleur », optimates, patriciens, qui sont les riches ; les lois Liciniennes, qui limitaient le nombre de têtes par citoyens, sont éludées ; le bœuf du laboureur, petit propriétaire, comme la chèvre du bordier, sont chassés des prairies communes par les troupeaux des grands propriétaires.

Les assignations de terres nouvelles s'arrêtent avec les conquêtes, et les occupations, les *possessiones*, sont interdites aux pauvres par la tactique des riches. Sous leur influence le vectigal est porté à un taux inaccessible aux petites bourses et auquel les accapareurs étaient sûrs de ne pas trouver de concurrence ; le but atteint, la complicité des questeurs patriciens permit aux détenteurs de ne plus payer ce vectigal.

Ce n'était donc pas sans raison que T. Gracchus, en face du mal qui menaçait l'existence de l'Italie, adressait aux *possessores* de l'*ager publicus* ces réclamations indignées dont Appien nous a transmis l'écho.

« Ne trouvaient-ils pas juste de distribuer au peuple ce qui était la propriété du peuple ? Les citoyens ne devaient-ils pas être préférés à des esclaves ? Les hommes libres, propres à la guerre, jugés plus utiles à la patrie que des esclaves inhabiles au service militaire ? enfin des propriétaires fonciers plus intéressés à l'ordre public que des prolétaires ?

La loi proposée par le tribun dispose que l'Etat opérera, sans dédommagement envers les occupants et possesseurs, le retrait de toutes les terres domaniales, chaque occupant conservait 500 jugères (hect. 126), chacun de ses fils 250 (hect. 63), le tout à titre perpétuel et garanti, sans que jamais l'allocation dépassât 1000 jugères. Les terres domaniales rentrant ainsi dans la main de l'Etat, on les divisait en lots de 50 jugères (12 hect. 600) ; on les abandonnait aux citoyens ou aux alliés italiques non en toute propriété, mais à bail perpétuel et héréditaire, le nouveau propriétaire s'engageant à les tenir en culture et à payer une modique rente au Trésor.

Ces assignations faites à charge de redevances et sous condition d'*inaliénabilité* n'étaient au fond que des locations de terres appartenant à l'Etat.

L'abolition des occupations domaniales, c'était bien ; le caractère emphytéotique et l'inaliénabilité imposés aux possessions nouvelles, c'était mieux encore. Gracchus réfutait ainsi les adversaires des lois agraires qui prétendaient que le nouveau petit propriétaire devait fatalement retomber, par suite de sa faiblesse, sous la dépendance du grand propriétaire voisin.

La réforme des Gracques répondait à un besoin d'une

impérieuse nécessité. L'illusion du Sénat fut grande s'il crut, en les frappant, avoir découragé leurs imitateurs. Pendant les cent ans qui séparent leur mort de l'avènement de l'empire, les assignations se multiplient. En 131, 319 000 citoyens sont répartis ; en 125, 395 000. Marius distribue à tous ses vétérans 14 jugères par tête. Les assignations de Sylla dépassent par leur étendue tout ce qui s'était vu jusqu'alors ; 23 légions reçoivent des terres.

Malheureusement les guerres civiles qui déciment sans relâche les citoyens, les vices introduits par l'abus de la richesse et le contact des Orientaux, détruisent les bons effets de ces assignations. La dépopulation, un temps entravée, continue sa marche rapide pendant que s'accroît le nombre des esclaves. Un écrivain anglais, M. Blair, a soutenu qu'il existait trois esclaves pour un homme libre depuis la prise de Corinthe (144 av. J.-C.) jusqu'à Alexandre Sévère (222-235 ap. J.-C.). Après la conquête de la Sardaigne, il s'était fait de telles razzias d'esclaves, qu'un proverbe disait : « à vil prix comme un Sarde ».

Nous verrons Marius disposer de 90 000 Teutons et de 60 000 Cimbres, Lucullus faire un tel butin dans le Pont qu'un esclave s'y vendait 4 drachmes (3 fr. 50). César, s'il faut en croire Plutarque et Appien, entraîne 1 000 000 de captifs avant même d'avoir conquis définitivement les Gaules ; Auguste ramène 44 000 captifs d'une expédition dans les montagnes des Salasses, 97 000 Juifs réduits en servitude, etc., etc. C'est aussi le temps où le commerce d'esclaves inauguré par les pirates, pratiqué ensuite par les chevaliers eux-mêmes, est en pleine prospérité. L'île de Delos en est le centre, marché si bien approvisionné qu'au dire de Strabon on pouvait en exporter chaque jour des myriades d'esclaves.

Il ne faut donc pas s'étonner que ces masses serviles, exaspérées par l'oppression sauvage de maîtres bien

moins nombreux, aient failli à plusieurs reprises ba-
lancer la fortune de Rome. Qu'on se rappelle ces révoltes de Sicile qui engloutirent tant de légions, ces
soulèvements presque périodiques qui ensanglantèrent
l'Italie elle-même, l'Etrurie, le Latium, l'Apulie, et ne
purent être étouffées que par le génie d'un César. Le
désert ou la révolte, tel était l'effrayant dilemme dans
lequel la ruine de la petite propriété avait enfermé la
société romaine. Mais ce n'était pas seulement la paix
sociale que l'abandon de ce grand principe devait coûter
à la république romaine. Elle devait y perdre la forme
même de sa souveraineté. F. le Play a très bien montré comment une certaine proportion de petite propriété
est nécessaire aux sociétés pour maintenir en elles une
certaine proportion de démocratie et les conserver en
équilibre. L'accumulation dans quelques mains de tout
le sol de l'Italie avait constitué une classe héréditaire
de grands propriétaires dont le pouvoir politique avait
grandi avec la fortune territoriale. Chacune de ces puis-
santes familles avait, outre ses esclaves, une armée de
clients prolétaires qu'elle payait et nourrissait et qui
lui servaient à appuyer ses prétentions politiques. Un
jour vient où ces ambitions rivales se heurtent sur le
Forum. Il ne s'agit plus de savoir qui l'emportera de
Carthage ou de Rome, mais quelle faction détiendra le
pouvoir, la *gens* Claudia ou la *gens* Julia. On sait
qu'une de ces familles patriciennes fut assez puissante
pour s'emparer de l'empire.

L'empire affermi, une question de vie ou de mort
se posa à lui. Pour résister à la fois aux invasions
des barbares, aux révoltes serviles et à la famille,
il fallait maintenir sur le sol une population stable
de cultivateurs libres, citoyens intéressés au sort de
la patrie commune. Les deux moyens que le gouvernement employa, avant d'en venir à la dernière ex-
trémité, l'appel des barbares, furent l'emphytéose et le
colonat.

L'emphytéose prend généralement sa place depuis Constantin.

Ce contrat, d'origine hellénique et qui se distinguait des autres locations perpétuelles par l'obligation qu'il imposait au preneur de mettre en valeur les terres, était un bail par lequel un propriétaire cédait à perpétuité au preneur et à ses héritiers sa terre moyennant une redevance. Le fermier redevenait ainsi une sorte de propriétaire. Le bailleur ne conservait sur la propriété qu'une certaine surveillance.

L'emphytéose ne devait, de quelque façon que ce fût, transmettre le fonds qu'à une personne habile à le prendre et solvable. Le propriétaire *pouvait refuser d'agréer un nouveau concessionnaire incapable de cultiver et surtout de payer le canon annuel.*

Enfin le bailleur avait le droit de rentrer en possession en cas de non-paiement de la redevance.

Ainsi ce contrat procurait au cultivateur les avantages de la propriété privée, puisqu'il pouvait transmettre son droit à son héritier ou bien l'aliéner. Elle le protégeait, d'autre part, contre sa propre imprévoyance ou contre la cupidité de ses voisins, grâce à cette surveillance exercée par le propriétaire sur les diverses mutations.

L'union de la population rurale et du sol était facultative avec l'emphytéose. Un second remède plus énergique, et celui-là obligatoire, fut tenté.

Pendant longtemps, ainsi que nous l'avons vu, la pratique la plus fréquente sur les grands domaines avait été de faire travailler en commun la troupe des esclaves « familia rustica ». Cette familia était répartie par petits groupes qu'on appelait « décurie ». « Il y avait des décuries de laboureurs, des décuries de vignerons, de bergers, d'ouvriers; chaque décurie avait son chef qui conduisait et surveillait l'ouvrage (*magister operarum*). Au-dessus de tous les groupes était le *villicus* qui dirigeait l'ensemble des travaux, assisté d'un autre qui surveillait le personnel et d'un *procurator* pour la tenue des livres. Le groupe des esclaves se transportait chaque jour sur telle ou telle partie du domaine, labourait ici et là, suivait les ordres qu'il recevait et rentrait le soir dans une demeure commune. »

Cette agglomération facilitait les guerres civiles qui menaçaient périodiquement la fortune et la vie des citoyens : elle nécessitait un personnel de surveillance dont l'achat et l'entretien étaient fort chers. Enfin, et c'était là le point capital, le système de la grande culture était onéreux à une époque où l'exploitation devait être intensive et où les seuls agents de travail agricole étaient les bras humains. Pour augmenter la production du travail il fallait intéresser les travailleurs.

« Peu à peu s'établit une pratique qui fut d'abord assez rare, mais qui insensiblement devint fréquente et même prépondérante. Elle consiste en ce que le propriétaire plaçait un de ses esclaves isolément sur un petit lot de sa terre et le chargeait de cultiver ce lot dont il lui laissait le profit sous certaines conditions déterminées.

« Cette pratique apparaît à l'état embryonnaire chez Varron. L'auteur y signale la coutume de certains propriétaires fonciers qui concédaient à un ou plusieurs de leurs esclaves quelques animaux et un coin de terre pour les nourrir.

« Les nécessités économiques de l'époque développent obscurément cet usage. Ce qui donna à ces pratiques un caractère public et légal, ce fut l'inscription sur les registres du cens. On sait par Ulpien avec quel soin minutieux les registres fiscaux étaient dressés. L'administration impériale avait pour principe que l'impôt fût exactement proportionnel au revenu de chaque terre, c'est-à-dire à la mise en culture.

« Or, le seul mode d'estimation simple, pratique, équitable était d'évaluer le nombre des gens employés à cette culture et de calculer le revenu du domaine par le nombre de bras qui le travaillaient, la présence d'un cultivateur valide supposant une certaine quantité de travail et par conséquent une certaine somme de produit. »

Le propriétaire dut donc déclarer le nombre de ses esclaves et fournir les renseignements les plus détaillés et les plus précis sur chacun d'eux. C'est ainsi que l'esclave tenancier était inscrit par son nom et occupait sur le registre fiscal un paragraphe spécial où l'étendue et la nature de son lot se trouvaient indiquées. La loi laisse d'abord intact le droit du maître sur cet esclave inscrit. Puis le fisc se trouve en présence d'une fraude systématique des propriétaires fonciers. Le gouvernement admettait en principe que le propriétaire dont le fonds se trouvait momentanément improductif, c'est-à-dire non cultivé, eût droit à une remise d'impôts. Naturellement le but du propriétaire était de faire exempter le plus possible de parcelles sous prétexte qu'elles n'étaient pas en culture. L'intérêt du fisc était par contre d'éviter la fraude en prescrivant le maintien sur les terres des travailleurs recensés une fois par lui, preuve vivante de la mise en culture.

C'est ainsi qu'une loi de Valentinien Ier interdit absolument la vente de ces esclaves tenanciers, à moins qu'on ne vende aussi la terre qu'ils occupent. L'esclave ne peut plus être dépossédé de sa tenure.

Si le sort des tenanciers serviles était adouci par cette prescription, la situation des cultivateurs libres fut théoriquement aggravée ; en fait, ils y trouvèrent le même avantage : la tenure, c'est-à-dire l'existence assurée.

Nous avons dit que chaque propriété avait sur le registre du cens son article où l'on marquait dans le plus grand détail tout ce qui s'y rapportait, c'est-à-dire tous les cultivateurs, à quelque classe qu'ils appartinssent, qui vivaient sur elle.

A côté des esclaves vivaient souvent, sur les grands domaines, d'anciens fermiers changés, ainsi que nous l'avons dit plus haut, par l'effet de leur arriéré et de leurs dettes, en colons partiaires liés au bailleur, des détenteurs précaires de terres concédées par le propriétaire moyennant des redevances en nature, enfin des barbares appelés ou enlevés de Germanie. Tous ces cultivateurs figurent d'abord au cadastre. Cette inscription au cens public finit par devenir un titre authentique, officiel, indélébile, qui, sans qu'on y prît garde, confondit toutes les classes d'inscrits dans la même immatriculation légale.

On peut définir le colon, dans la nouvelle acception que prend ce mot, un homme libre qui, moyennant une redevance fixe, cultive pour autrui la terre à laquelle il est irrévocablement attaché. Il est libre en effet. Il se marie sans le consentement du propriétaire, son maître ; ses enfants lui appartiennent ; il exerce la puissance paternelle dont une conséquence est que ses enfants hériteront de lui. Il peut acquérir et posséder. D'autre part la loi protège contre les abus ; si sa volonté ne peut le détacher de sa terre, celle de son maître ne le peut pas non plus. Sa tenure est donc assurée ; défense est également faite au propriétaire d'augmenter sa redevance. Enfin il ne peut aliéner et transmettre son bien qu'avec le consentement de son maître, tutelle bienfaisante qui mettait le colon en garde contre les influences susceptibles d'exploiter son vice, son inexpérience ou sa faiblesse.

En somme, cette institution était avantageuse à la fois pour l'Etat, le propriétaire, le cultivateur et le sol.

Sans le colonat, la terre serait restée cultivée par des esclaves, comme au temps de Columelle, c'est-à-dire fort mal. L'organisation nouvelle mit à la place de l'ancien esclave un tenancier libre. « Là où il y avait

auparavant une décurie servile, il y eut six ou huit
tenures, et par conséquent six ou huit familles vivant
d'une vie indépendante, régulière, assurée. Ceux-ci
furent intéressés à améliorer le sol, puisqu'ils furent
assurés de ne pas être évincés. Ils purent défricher,
planter et bâtir, sachant qu'ils travaillaient pour leurs
enfants. Le colon n'a pas l'espérance de quitter jamais
cette terre, mais il n'a pas non plus la crainte d'en être
jamais expulsé. C'est une tenure imposée, mais c'est
aussi *une tenure assurée*. Il a l'hérédité du travail, mais
il a aussi l'hérédité de la jouissance. Le colon ne man-
quera jamais à la terre, ni la terre au colon, la terre le
tient et il tient la terre. » Au reste la meilleure preuve
de ses avantages, c'est qu'il y eut toujours, durant les
derniers siècles de l'empire, des hommes qui entrèrent
volontairement dans le colonat. Une loi de Valentinien III nous montre des hommes qui d'eux-mêmes demandent à entrer sur un domaine pour y vivre à l'état
de colons. Ils déclarent publiquement cette volonté,
n'ignorant pas que ni eux ni leurs enfants ne quitteront
plus le domaine. Les colons, suivant Salvien (*de Gu-
bernatione Dei*) étaient souvent de petits propriétaires.
Ils préféraient sacrifier une partie de leur liberté pour
obtenir une protection, une tutelle sans laquelle ils
prévoyaient leur dépossession et leur ruine.

Le colonat sauve l'empire romain du sort de la Grèce,
de la dépopulation totale en assurant la tenure au petit
cultivateur, mais le remède avait été apporté bien
tard. Plus que jamais pourtant l'empire avait besoin de
bras. Il en fallait alors non seulement pour cultiver la
terre, mais encore pour la défendre, car les invasions
germaniques menaçaient continuellement le territoire
romain. Où prendre des hommes robustes, des familles
fécondes, si ce n'est chez ces mêmes barbares, de
l'autre côté du Rhin, où se pressait une réserve iné-
puisable de bras humains. Ce fut aussi en Germanie
que, durant des siècles, Rome impuissante et stérilisée

va chercher ce qui lui manque. D'abord les armées romaines y pénétrèrent et en ramènent une population captive. Des plus robustes des prisonniers, l'empire fait des soldats qui le défendent contre leurs frères du Nord ; des autres il fait des cultivateurs qui le sauvent de la stérilité.

« Qu'on lise dans Vopiscus, dans Sozime, dans Ammien, toutes ces guerres des Romains et des Germains au troisième et au quatrième siècle. On verra que Rome dans ses razzias en Germanie ne cherchait qu'à rapporter des hommes. Le gouvernement sentait que pour la prospérité générale il fallait amener beaucoup de Germains. Depuis Claude II jusqu'à Julien et Valentinien II, l'un des principaux objets de la politique impériale fut d'aller chercher des hommes au dehors pour les donner à l'agriculture.

C'est ainsi que l'empereur Probus ramène de ses expéditions en Germanie 16 000 conscrits qu'il dissémine cinquante par cinquante dans les troupes de l'empire, et des cultivateurs qui viennent labourer les terres des Romains et moissonner pour eux. C'est ainsi que Dioclétien et Maximien, ayant mis en sujétien les Carpes et les Bastarnes, amenèrent des multitudes de captifs qu'ils placèrent sur le territoire de l'empire. C'est ainsi que Constance Chlore, plusieurs fois vainqueur des Germains, qui se rendaient à lui à discrétion (Eumène, *Panegrycus Constantio Cæsari dictus*, c. viii), introduisit en Gaule beaucoup de cultivateurs. « Il les plaça, dit un contemporain, sur les terres qui manquaient de bras, et les obligea à cultiver le sol à titre de serviteurs. Souvent ces barbares étaient placés par groupes sur les vastes espaces du domaine impérial. Ils y formaient des villages dans lesquels ils se perpétuaient de père en fils. »

Puis un jour vint où les légions romaines durent reculer au delà du Rhin devant les masses germaniques. Plus de razzias possibles ; il faut pourtant des hommes. Ce que ne peut plus donner la force, la conquête, on cherche à l'obtenir par la persuasion ; on appelle les barbares, on leur offre des terres, et, séduits par les avantages que leur promet l'empire, ils accourent, colonisent, repeuplent et cultivent le pays. Rome comprend le danger de cette invasion pacifique, mais elle n'a pas le choix : sans les barbares elle est sûre de mourir d'un épuisement rapide, avec eux elle peut espérer les intéresser à sa civilisation, les attacher à sa politique par les avantages offerts et maintenus, et en faire des alliés dévoués, barrière opposée à leurs frères d'outre-Rhin.

Cette tactique réussit un temps, mais le jour où les barbares, instruits par l'empire, se comptèrent, Rome avait vécu. Ce qui l'avait perdue, ce n'étaient ni les révoltes de ses sujets, ni les défaites intérieures, mais bien « la disette d'hommes » conséquence de la disparition de la petite propriété et de l'extension des *latifundia*. Grâce au colonat la race ne périt pas, mais elle perdit l'existence nationale. Avec Rome comme avec la Grèce le monde antique avait comblé la mesure de l'oppression du faible et de l'antagonisme des classes. Il appartenait à une religion protectrice des déshérités de reconstituer la classe des cultivateurs, de leur assurer la terre contre la cupidité ou la violence et de stabiliser sur le sol, par une merveilleuse constitution de la propriété foncière, des familles, laborieuses et fécondes.

L'HISTORIQUE DU HOMESTEAD

La Russie, l'Autriche-Hongrie, l'Allemagne viennent d'adopter des lois qui ont toutes pour but de remédier à l'une des premières causes du socialisme agraire, soit à l'instabilité du domaine familial. Toutes ces mesures ont été plus ou moins directement inspirées par une législation américaine dite de Homestead, et cette législation elle-même rompant avec les principes de la législation païenne s'inspire à nouveau des principes chrétiens que nous avons exposés plus haut.

On connaît peu la genèse historique du Homestead, comment et pourquoi ces mesures, si contraires au libéralisme social de notre siècle de progrès, ont pu germer et grandir au sein de ce monde nouveau ; il y a là pourtant un grand enseignement et un encouragement immense. A ceux de nos confrères qui doutent de la réussite de nos efforts, il est bon d'exposer les évolutions historiques de la propriété aux États-Unis. Restreinte et protégée d'abord, elle assure l'éclosion, l'incrustation au sol et la perpétuation d'une race paysanne, vivace et féconde. Libre ensuite de toute entrave, elle se décompose, et, base chancelante, menace de ruine toute l'organisation sociale. Enfin, un retour tempéré à la protection de la première époque raffermit l'édifice et sauve la société nouvelle du sort de la Rome antique.

I

Suivons à son origine l'organisation agraire des différents États. Dans celui de *New-York*, les Hollandais, les Van Ranselaer, et les Philipses, après eux des Anglais, constituèrent de grands domaines et les divisèrent en petites métairies qui furent concédées à des tenanciers héréditaires. M. Claudio Jannet, dont tous connaissent l'infatigable zèle et la science profonde, a montré le rôle que le système des manoirs et des tenures féodales avait joué au XVIIᵉ siècle dans cette colonie ; jusqu'en 1786 le droit d'aînesse régna au sein de cette aristocratie terrienne sans titres.

En *Pensylvanie*, Penn n'introduisit pas le droit d'aînesse, il fonda un état démocratique avec suffrage universel qui, bien avant l'insurrection, fut aboli et remplacé par un droit électoral censitaire. Le droit du plus fort ou du plus riche ne tarda pas à s'épanouir au sein de cette liberté d'étiquette ; l'emprisonnement pour dettes fut une de ses premières manifestations. Aussi ne nous étonnerons-nous pas de voir, dès 1724, la propriété foncière se morceler, les petits propriétaires s'appauvrir, s'endetter, tant et si bien qu'une loi devient nécessaire pour protéger le cultivateur contre ses créanciers.

La nécessité d'une protection de même sorte s'imposa aussi dès la première heure à un deuxième État démocratique, la *Géorgie*. Les rigueurs de l'emprisonnement pour dettes en Angleterre où les débiteurs pouvaient être enfermés à perpétuité, déterminèrent au xviiie siècle une réaction de l'opinion publique. Par ordre du Parlement, M. Oglethorpe visita ces prisons, et ému d'une compassion profonde à la suite de son inspection, il recommanda la déportation des « insolvables » en Amérique ainsi que leur établissement comme colons sur ce sol si riche et encore si désert. Georges II le nomma gouverneur de la colonie d'indigents à fonder sur les bords du Savannah. Cette colonie, nommée la Géorgie, et dont le but était *in trust for the poor* devait accueillir également les protestants persécutés sur le continent. C'est avec ces misérables qu'en 1733, Oglethorpe fonda la ville de Savannah ; en 1734, y accoururent de Salzbourg des émigrants, et, en 1735, de Moravie, d'Allemagne et d'Angleterre des sectateurs de Herrenhut. En 1765, des quakers s'y établirent. La colonie ne fut interdite qu'aux Juifs dont on redoutait l'insatiable rapacité. Cette colonie si démocratique n'en comprit pas moins à l'origine la nécessité de protéger la formation de la propriété familiale et la vente des domaines ruraux y fut primitivement interdite.

Des précautions du même genre furent prises au

début dans la colonie de *Massachussets*, où l'assemblée des propriétaires libres (*freemen*) de chaque nouveau centre colonial (*town*) veillait à ce que personne ne s'établît dans le sein de leur communauté sans être agréé par eux ; dans le *Connecticut*, où un acte de 1659 posa formellement en principe que nul, dans un *town*, ne pourrait vendre son lot sans l'avoir préalablement offert aux autres *freemen*. Parmi les autres Etats de la Nouvelle-Angleterre, deux, *New-Plimouth* et *Rhode-Island*, possédaient le droit d'aînesse pour les successions *ab intestat*, les autres vivaient sous la loi mosaïque ; dans tous, la plupart des propriétés se transmettaient sous le régime d'*entail*, et il en fut ainsi jusqu'en 1789.

Dans la *Virginie* et le *Maryland*, comme d'ailleurs dans tous les Etats esclavagistes (en 1789 on en comptait sept sur treize), étaient pratiqués les substitutions et le droit d'aînesse. Toute la propriété foncière, composée de grandes plantations que cultivaient des esclaves, était sous le régime de l'*entail*, et la loi interdisait même au propriétaire d'une terre donnant un bénéfice net de plus de 200 liv. de la léguer à plusieurs héritiers par voie testamentaire, elle devait passer indivise au fils aîné. Les cadets recevaient pour leur part des esclaves avec lesquels ils fondaient de nouvelles plantations à l'Ouest et au Sud.

Telle fut l'organisation agraire des 13 colonies jusque vers la fin du siècle dernier.

Vers cette époque, un revirement total se produisit dans l'opinion publique de l'Union : c'est de la Virginie, alors la colonie la plus peuplée et la plus riche de l'Amérique, que partit le mouvement qui devait se transmettre jusqu'au cœur de la vieille Europe. C'est à un Virginien que revient le triste honneur d'avoir décidé une transformation agraire dont les conséquences pèsent encore aujourd'hui sur sa descendance.

II

Né en 1740, en Virginie, Thomas Jefferson fut élevé
par son père, homme de très modeste origine, dans la
haine de l'aristocratie virginienne, dont il descendait
pourtant par sa mère. Ce que les blessures de la vanité
sociale avaient commencé, l'étude du droit l'acheva.
En sa qualité « de légiste », Jefferson devait se déclarer
l'ennemi des vieilles coutumes qui avaient fait la force
de sa patrie. Et, pour le malheur de la République nouvelle, cette influence devait être prépondérante. Le
jeune réformateur était très cultivé, supérieurement
doué ; il est comme le soleil dont ont tiré leur lumière
des planètes telles que Lafayette et Mirabeau, regardés
pourtant par nos historiens comme les étoiles fixes du
libéralisme.

Dès le 13 octobre 1776 (la guerre était alors déclarée
à l'Angleterre), Jefferson commença au Parlement de
l'État de Virginie, où il avait été élu député, sa campagne contre l'ancien ordre social. Il proposa l'abolition
de tous les *entails* et l'adoption du partage égal des
successions, même pour les propriétés foncières. Après
une violente résistance de l'aristocratie, il fit adopter le
projet que les révolutionnaires de 1793 ont copié. « Je
pars, écrivait il à Madison le 6 septembre 1789, à Paris,
je pars d'une base que j'estime évidente, savoir que
l'usufruit de la terre appartient aux vivants, et que les
morts n'ont ni pouvoir, ni droit. La parcelle occupée
par un individu cesse d'être à lui lorsque lui-même a
cessé d'exister et fait retour à la société. » C'est en par-
tant absolument du même principe que Robespierre,
disciple et imitateur de Jefferson, rejette plus tard le
droit de tester. « L'homme, écrit-il, peut-il disposer de
la terre qu'il a cultivée après avoir été lui-même réduit
à la poussière ? » Ce que voulait Jefferson, c'était mor-

celer les *latifundia*, c'était distribuer progressivement la propriété foncière en petites parcelles à tous les hommes à titre de propriété privée pleine et entière pour la durée de la vie. Il croyait réaliser, par le partage égal, ce but que le moyen âge avait atteint par la propriété assujettie et féodale.

Pour le malheur de l'Union, la Virginie accepta les idées de Jefferson, et, en 1776, le *partage égal* y fut introduit. La première imitation de cette mesure funeste fut faite par le Congrès de Washington en 1787. C'est alors que fut décidée l'introduction du partage égal dans le territoire du Nord-Ouest qui venait d'être fondé au Far-West, et qui comprenait tous les pays au nord de l'Ohio, les Etats modernes d'Indiana, Ohio et Illinois. Dans la plupart des Etats de l'Union, suivit bientôt la suppression des *entails* et de toutes les restrictions protectrices qui maintenaient l'union du cultivateur et du sol.

Comme nous allons le voir dans la troisième partie de notre travail, les conséquences de *la liberté d'endettement* et *du partage égal des successions ab intestat* ne tardèrent pas à se dessiner, et c'est pour réagir contre elles que, mieux avisée que la vieille Europe, l'Union réinventa l'idée moyen âge de l'acre de terre, qui ne peut être ni endetté, ni divisé. Sur ce principe, ils édifièrent tout un ensemble de lois connues sous le nom de *lois d'exemption du domaine patrimonial, Homestead exemption law*. Au moment où l'Europe désespère de remédier par une législation agraire à la ruine de ses familles rurales et à la dénationalisation du sol, l'étude de la deuxième phase historique de la petite propriété aux Etats-Unis servira peut-être à lui démontrer que le remède est encore possible.

III

Au printemps de 1835, la banque anglaise de l'Union, qui détenait la plus grande partie des capitaux américains, restreignit le crédit. La faillite d'une grande banque de New-York, survenue presque aussitôt (10 mai 1737), détermina un krach, c'est-à-dire une faillite générale. Mis en demeure par les banques créancières, les fermiers ne purent pas payer. Leurs domaines saisis et offerts à l'encan ne trouvant pas d'acheteurs, les banques durent suspendre leurs payements.

Il n'existait alors aucune loi sur les faillites et les banqueroutes, mais la coutume donnait au créancier le droit imprescriptible de s'emparer de tout ce que son débiteur insolvable pouvait posséder plus tard, et même de le faire saisir s'il le rencontrait dans un autre État que celui où la faillite avait été déclarée. En un mot, le débiteur ne pouvait plus rien gagner, et perdait souvent sa liberté. Dès 1792, Jefferson s'était bien élevé en ces termes contre le principe de la prison pour dettes : « On peut avancer sans crainte, disait-il, que ni le droit naturel, ni la raison ne soumettent le corps du débiteur à la prison pour dettes : c'est un abus importé par le commerce et le crédit. » Mais cet appel humanitaire avait été sans échos auprès de ses contemporains, dont la tendresse était grande pour le créancier et la liberté du crédit. Il fallut la misère produite par les banqueroutes successives dont nous avons parlé pour ramener l'idée d'une législation plus douce, qui permit à l'insolvable de recommencer une nouvelle existence économique. Cette tendance fut quelque temps entravée par les « magnats » de la banque et les capitalistes du Nord-Ouest, qui voulaient tenir pour toujours dans leur esclavage usuraire le plus grand nombre des fermiers de l'Ouest et des planteurs du Sud. En 1841 n'en fut pas moins adoptée une loi de banqueroute édictée pour toute l'Union, qui établit des tribunaux de banqueroutes d'Union. Celui qui, par eux, était déclaré « libre de prison pour dettes » ne pouvait être saisi et emprisonné dans aucun État. Mais, au cas où il était incapable de payer au moins 75 % à ses créanciers, il ne pouvait ni acquérir de fonds de terre, ni biens, meubles ou immeubles, ni exercer de profession commerciale ou industrielle. La réforme, comme on le voit, était bien insuffisante.

Pendant la crise de 1837-39, les créanciers des planteurs du Sud prirent à ces derniers leurs plantations, celles du moins qui n'étaient pas protégées par *l'entail* et naturellement ce qui avait le plus de valeur, les esclaves. Nous rappellerons à ce propos que les banques qui avaient leur siège à Philadelphie, New-York et Boston, ne prêtaient sur un acre de terre que 8 dollars, mais avançaient 350 dollars sur un esclave. L'esclave avait bien plus de valeur que le sol, car il était objet mobilier. Un grand nombre de ces esclaves furent emprisonnés par les créanciers de leurs maîtres, mais ne purent être réalisés. Les plantations ne furent plus cultivées, et les cotons pourrirent sur pied.

C'est alors que plusieurs planteurs ruinés se réfugièrent au Texas et y amenèrent leurs esclaves. Dans ce pays sans routes, encore presque sauvage, ils étaient le plus souvent à l'abri des poursuites de leurs créanciers, mais il pouvait leur arriver aussi d'être atteints par ces derniers, et leur nouvelle existence économique était une seconde fois brisée. Le gouvernement du Texas, comme Rome à son origine, se décida alors à se décréter en asile aux fugitifs, c'est-à-dire à donner la sécurité à ses colons. En 1839, fut promulguée la première loi d'*homestead exemption* d'Amérique : le *homestead* est le lieu où se trouve la maison d'habitation dans laquelle la famille a élu son domicile, avec l'enclos qui s'y rattache et dont l'étendue est limitée par la loi. « A dater de la promulgation de la présente loi, disait l'acte en question, chaque citoyen et père de famille de notre République gardera libres et indépendants des conséquences d'un jugement *fieri facias*, ou de tout autre exécution émanant d'un tribunal compétent, 350 acres de terre, y compris le foyer domestique et les améliorations faites n'excédant pas la valeur de 500 dollars, tous les meubles de ménage et ustensiles de cuisine, jusqu'à 100 dollars, 5 vaches à traire, 1 paire de bœufs de trait ou un cheval, 20 porcs et des provisions pour une année. »

Cette grande réforme, dont le but était d'assurer à chaque famille des moyens d'existence et d'empêcher le créancier d'endommager le bien de la société tout entière en abattant l'arbre pour cueillir le fruit, ne tarda pas à inspirer les pays voisins. Les Etats de l'Union du Nord et de l'Est, où dominaient les petits propriétaires faisant valoir directement leurs terres, furent les premiers à s'intéresser à cette innovation. Les petites gens de ces Etats eurent alors successivement pour les représenter trois présidents sortis de leur sein, Jakson, Van Buren et Tyler qui, tous, se montrèrent favorables à la protection du pauvre contre le riche, des fermiers contre les capitalistes. Ces promoteurs de lois générales sur les faillites et l'abolition de la prison pour dettes dans toute l'Union ne pouvaient pas se désintéresser d'une loi qui sauvait, d'un créancier impitoyable, la petite propriété menacée. Aussi la voyons-nous adoptée, dès 1842, dans l'Etat de New-York ; dès 1849, à Pensylvanie, à Vermont et Wisconsin ; en 1850, dans le Michigan ; en 1851, dans l'Indiana, le New-Jersey, Delawarre ; en 1861, dans le Nevada.

La guerre civile donna une impulsion nouvelle à la double réforme, en la rendant indispensable au salut d'Etats qui, jusqu'alors, l'avaient repoussée. L'introduction des *homestead exemption law* fut un moyen par lequel la constitution branlante des anciens Etats esclavagistes fut restaurée ; elle servit à conserver aux grands propriétaires ruinés un reste de fonds de terres et à favoriser la création d'une race de paysans. La Floride et la Virginie l'adoptèrent en 1865, l'Arkansas en 1868, le Mississipi et la Géorgie en 1870.

Etudions maintenant les dispositions de la meilleure loi d'*homestead exemption* qui ait été faite, celle du Missouri, et suivons-en les conséquences dans les diverses phases de la vie familiale.

1° Pendant la vie du propriétaire. — La simple possession d'une maison ou de terres par quelqu'un qui a une famille ou une personne à sa charge les constitue en propriété ou *homestead,* et toutes les immunités et exemptions accordées par la loi y sont attachées, *sans aucun acte spécial pour les acquérir.* Le montant exempté ne doit dépasser ni tant d'acres de terres, ni une valeur de tant de dollars fixée par la loi. Quand une exécution va avoir lieu, le chef de famille peut désigner la propriété particulière qu'il désire exempter, ou autrement trois experts assermentés et non intéressés le font pour lui. Mais la loi ne cherche pas seulement à adoucir les conséquences de la dette, elle tente aussi de prévenir la formation de la dette elle-même en constituant la femme gardienne du foyer. Si la femme présente une requête, mesure facile, le *homestead* ne peut être endetté ni vendu sans son consentement. Les parents de la femme peuvent y veiller et le font généralement. La femme et ses enfants sont ainsi garantis contre la misère et la perte du foyer.

2° A la mort du propriétaire. — La propriété reste insaisissable aux mains de la veuve. Celle-ci vient-elle à mourir aussi, la propriété demeure collectivement aux mains des enfants, jusqu'à ce que le plus jeune arrive à sa majorité. A chaque succession, elle reste insaisissable, lors même que l'héritier, avant de la recueillir en héritage, aurait fait des dettes personnelles.

Il n'y a encore aucune loi contre le partage du *ho-*

mestead entre plusieurs héritiers, s'il s'agit d'une propriété rurale, parce que cette loi est sans utilité dans un pays, tant qu'il y a encore des terres inoccupées dont les plus jeunes frères peuvent acquérir la propriété.

Cette législation foncière de l'Union dont le moyen est la limitation des gages du créancier et le but la conservation de la famille, s'étend aujourd'hui dans 44 États sur 48. Le nombre des fermes depuis qu'ont été édictées ces nouvelles lois a doublé ; de 2 044 077 il s'élève à 4 008 407. Écoutons du reste, pour apprécier les résultats, le rapport officiel du conseil anglais à Washington, sur les lois d'*homestead*. « L'opinion, écrivait-il à la fin de l'an dernier, l'opinion est en faveur de ces lois. La preuve en est dans le fait que les États ont plutôt une tendance à étendre qu'à restreindre ces exemptions. Toute tentative de diminuer ou d'abolir par la législation les privilèges accordés serait universellement repoussée. Les petites gens bénissent ces lois qui leur donnent l'assurance qu'en cas de maladie ou de malheurs leur foyer ne sera pas saisi, et qu'ils ne seront pas réduits à une abjecte pauvreté. Les faibles sont protégés contre les forts et contre des marchands peu scrupuleux et des usuriers qui voudraient profiter de l'ignorance et de la pauvreté des colons pour les dépouiller jusqu'à leur dernier sou. Ces lois protègent également la femme et la famille contre la folie du mari, puisqu'un *homestead* ne peut être vendu, ni hypothéqué, ni abandonné par le mari sans le consentement de la femme. Il y a indubitablement des milliers de familles dans les États qui ont été sauvées d'une ruine complète par ces mesures protectrices ».

Mais ce n'était pas tout d'affermir sur le sol la race de paysans existante ; il fallait aussi songer à en augmenter le nombre, c'est-à-dire à appeler de nouveaux colons. En 1862 fut édictée par le gouvernement fédéral la grande charte de colonisation, — appelée *homestead law* (loi du *homestead*). En vertu de cette loi, tout occupant peut obtenir gratis la possession de 100 acres de terre publique. Il est obligé de les cultiver et d'y habiter pendant cinq ans. Pendant ce temps, il ne peut aliéner la terre. S'il meurt, il n'y a pas de discontinuité de possession pour sa veuve, et, à défaut de sa veuve, ses héritiers ont le droit de rester en possession. De plus, pendant tout ce temps, aucun créancier ne peut toucher à la terre. Quand les cinq ans sont écoulés, après avoir prêté certains serments et prouvé sa résidence, l'occupant reçoit une patente par laquelle il devient propriétaire absolu de la terre. Ainsi le gouvernement fédéral lui fait, en se séparant de lui, un cadeau final. Le but de la loi serait manqué si l'occupant devait immédiatement abandonner la terre aux créanciers qui n'auraient attendu, pour la saisir, que le moment où elle serait bien à lui. Il a donc été ordonné que la terre n'aurait à supporter aucune dette contractée antérieurement à l'émission de la patente. Ainsi l'occupant entre net et libre dans sa propriété.

Ces deux législations successives destinées à protéger le petit propriétaire contre l'usure et à empêcher son absorption par les capitalistes et les grands propriétaires ne suffirent pas encore. Il en fallut une troisième pour remédier au mal et préserver l'Union de ce qui perdit l'Italie. Rappelons-nous que, dans les premiers temps de la République, la formation des grandes propriétés avait été favorisée par l'administration. Les domaines publics inoccupés étaient vendus aux enchères publiques et le prix minimum d'environ un dollar par acre était payé en papier d'État de l'Union plus que déprécié. Les capitalistes européens avaient largement profité de cette situation. Et nous ne parlons pas des concessions de terrain faites aux Compagnies des chemins de fer, des contrats maladroits et irréfléchis passés avec des corporations anonymes. Et pendant que des Compagnies possédaient jusqu'à 1 800 000 hectares, le temps approchait, disait dans un rapport la Commission du gouvernement, « où il n'y aurait plus pour fournir aux citoyens le moyen de s'assurer des foyers à bon marché et où le gouvernement ne pouvant plus donner des terres aux colons, ceux-ci se trouvant hors d'état d'en acquérir, la terre deviendrait de plus en plus le privilège du capital et du capital étranger. » C'est pour empêcher la réalisation de cette prédiction qu'il y a trois ans le gouvernement de Washington édicta une loi réglementant l'acquisition des terres.

Cette loi interdit aux étrangers et aux Sociétés étrangères d'acquérir ou de posséder des propriétés foncières, sur le territoire des États-Unis. L'interdiction s'applique aux Compagnies dont les actions appartiennent pour un dixième à des étrangers. La loi interdit en outre à toute Société, sauf aux Compagnies de chemins de fer, de posséder plus de 5 000 arpents de terre, et oblige celles qui en possèdent plus à se conformer à cette nouvelle disposition dans un délai de dix ans, sous peine de forfaiture au bénéfice de l'État. La même peine est édictée pour toutes les autres infractions à la loi.

Ainsi, les deux grands pays agricoles, la Russie et l'Amérique, ont été obligés de faire les lois pour empêcher l'absorption de la terre nationale et la formation de latifundia par le capital anonyme. C'est encore un triomphe de la petite propriété.

Ce que nous montre donc l'histoire de l'Union jusqu'à nos jours, c'est la lutte du grand propriétaire contre le petit, lutte compliquée par l'entrée en scène du capital de l'industrie moderne, et où finalement le grand propriétaire a le dessous. Mais remarquons-le, le petit propriétaire n'a été sauvé que par des mesures qu'il faut hardiment appeler restrictives et protectrices. Cette histoire est l'argument le plus éloquent à opposer aux partisans malheureusement trop nombreux de la liberté à outrance, qui n'est autre, en somme, que l'abandon du faible au profit des mieux taillés par la nature pour la lutte de la vie.

LA FRANCE

LE MOUVEMENT AGRAIRE ET LES BIENS COMMUNAUX

Nous avons dit plus haut que l'une des premières causes du socialisme agraire était l'instabilité du domaine familial. L'autre cause est la suppression des droits d'usage et des communaux — nous allons le voir par un coup d'œil jeté sur la situation agraire de notre pays.

En 1846, la population totale de la France était de 35 402 000 habitants ; la population urbaine de 8 545 000 habitants, soit 24 % ; la population rurale, de 26 753 700, soit 76 %.

En 1886, la population rurale, tombée à 21 452 400 habitants, était réduite à 64 %.

Voyons comment, à l'heure actuelle, se fait le recrutement des travailleurs des champs : plusieurs départements, la Creuse, la Gironde, etc., sont obligés de demander leurs valets de ferme aux départements voisins, quelques-uns même les demandent à l'étranger. Le Nord, par exemple, est périodiquement envahi par les Belges qui viennent y faire la moisson, et pendant ce temps les grandes villes regorgent ; à l'étroit dans leurs enceintes, elles étendent leurs faubourgs.

En moins de cinq ans, Paris s'est accru de plus de 100 000 habitants, Marseille de 27 000, Saint-Étienne de 15 000, Lyon de 14 000, Roubaix de 14 000, Lille de 12 000, Bordeaux de 11 000.

Nos hommes d'État, législateurs, économistes, réclament à bon droit d'incessantes améliorations au sort de l'ouvrier des villes, mais pas un ne songe au grand oublié, au travailleur des campagnes ; pas un, je me trompe : dans une improvisation récente, un député a pris à partie les pouvoirs publics et ses collègues eux-mêmes, et leur a reproché leur persistante et systématique indifférence vis-à-vis du salarié des champs.

Si le cultivateur quitte la campagne, il y est poussé, je veux bien, par la fascination des plaisirs de la ville, mais c'est surtout parce qu'aucun intérêt ne l'attache plus à ce sol si facilement abandonné : cette terre qu'il travaille est à un autre ; il n'a aucun droit sur ce territoire. Dès lors, que lui importe ! Il ne perd rien en le quittant.

Ah ! si le même homme pouvait se dire : En quittant mon lieu d'origine, je perds ma part de droits sur des biens communaux, sur un affouage, sur une vaine pâture, peut-être cette pensée le ferait-elle hésiter. Mais les biens communaux, on les aliène ; les droits d'usage, on les supprime, et, devenu vraiment prolétaire, l'enfant du pays le déserte sans regrets. Il va là où son caprice, où ses passions l'attirent : dans les villes populeuses où la sollicitude de tous accumule, il le sait, les ressources les plus variées contre la misère et l'imprévoyance.

Quant à celui qui reste, il devient dans chaque centre rural un élément de socialisme et de désordre ; mécontent, aigri, et sans aucun attachement à l'ordre social. Qu'il s'appelle ouvrier, domestique ou bordier, il est là tout prêt pour la *jacquerie de demain*. S'il est mécontent, n'a-t-il pas raison de l'être ? Na-t-il pas comme l'intuition d'une grande faute sociale, dont ses pères et lui sont les victimes ?

Dans trois livres précédents, nous avons cherché à démontrer par l'histoire que la constitution la plus solide, où la paix est le mieux assurée est celle où chaque famille stable, capable de conserver la propriété individuelle, cultive son domaine de ses propres mains. Nous avons montré les dangers qui menacent la petite propriété et la production dont on doit l'entourer. Mais il reste une autre tâche. Il est une classe d'hommes incapables d'arriver, comme on le verra plus loin, à la propriété individuelle ; c'est de ces derniers que nous nous occupons aujourd'hui ; et si nous appelons l'attention sur eux, c'est que de leur sort dépend la solution de deux problèmes sociaux : la dépopulation des campagnes et l'extension du socialisme agraire, qui se posent aujourd'hui à l'Occident tout entier, et particulièrement à la France.

« Des études persévérantes, a dit Le Play, m'ont démontré que, sauf en certaines régions exceptionnelles, il n'existe qu'une faible minorité qui, possédant un immeuble, puisse résister à la tentation de le grever d'hypothèques pour se procurer une jouissance immédiate. »

Cet aveu du défenseur le plus convaincu et le plus scientifique de la propriété individuelle est précieux à retenir, et ce n'est pas le seul. Je lis ailleurs dans les *Ouvriers européens* :

« La sécurité des populations reposait autrefois sur des institutions positives ; au premier rang de celles-ci ont toujours figuré les droits indivis d'usufruit sur certaines propriétés spéciales, connues sous le nom de biens communaux. »

Enfin la pensée devient plus nette encore dans le passage suivant : « Les biens communaux ont exercé dans le passé l'influence la plus heureuse sur le sort des populations rurales ; les avantages qu'ils présentent sont encore manifestes de nos jours. Leur principal rôle dans l'économie sociale est d'assurer aux populations imprévoyantes des ressources que celles-ci ne pourraient conserver sous le régime de la propriété individuelle. C'est en vain qu'on prétendrait leur conférer les mêmes avantages en partageant les biens jusqu'alors indivis entre les usagers. Cette tentative a été souvent faite en Europe, et elle n'a jamais eu d'autre résultat que de consommer la ruine des classes inférieures dont le niveau moral n'était pas à la hauteur du principe de la possession personnelle. »

Arrêtons-nous à ce dernier aveu, il nous suffit : toute la question est là. La majorité de la population a-t-elle actuellement atteint ce niveau moral ? Si oui, appropriez tout. Si non, réservez une part indivise pour cette majorité imprévoyante, que vous devez, à moins de sombrer tôt ou tard dans une jacquerie, intéresser au sol pour lequel elle donnera sa vie.

La classe que vise ce livre et dont une statistique récente portait le nombre à deux millions (les ouvriers des grandes industries n'atteignent pas 1 300 000) est celle des *journaliers agriculteurs*, c'est-à-dire *la catégorie des ouvriers qui ne tiennent par aucun lien positif aux personnes qui les emploient, et dont la rétribution se mesure essentiellement au nombre de journées qu'ils fournissent.*

Cette classe se recrute parmi les enfants des journaliers dont la multiplication forme un contraste frappant avec l'état stationnaire ou décroissant des petits propriétaires. Elle reçoit tous les propriétaires agriculteurs ruinés par l'imprévoyance, par les fausses combinaisons, par la propension exagérée pour les acquisitions territoriales et les constructions, par la tendance aux procès, par les fléaux de l'usure et de l'hypothèque, par le relâchement des liens de famille, et en général par les causes qui s'opposent en France à la stabilité de la propriété immobilière.

Nous avons aussi en vue le bordier qui ne possède guère que son habitation avec quelques dépendances agricoles, qui fournit son travail au propriétaire en échange de salaires et de subventions, et qui trouve dans les travaux exécutés au dehors son principal moyen de subsistance.

Ce sont ces deux classes qui souffrent de la situation

que nous allons dépeindre ; ce sont elles qui sont frappées par la suppression graduelle des subventions territoriales, par les restrictions apportées à la vaine pâture et aux droits d'usage sur les biens communaux.

III

On tenait pour maxime, dans l'ancien droit français, que les communaux n'appartenaient pas en propre à chacun des habitants pour sa part mais bien à la communauté des habitants considérée dans son ensemble ; d'où l'on concluait qu'il n'était pas permis aux habitants de se partager entre eux le sol de ces biens, comme s'ils en eussent été les véritables propriétaires.

On proclamait comme principe fondamental en cette matière que la communauté elle-même n'était propriétaire des communaux qu'à la charge de les conserver en nature pour en assurer la jouissance aux habitants à venir.

Sous ce dernier point de vue, les communaux étaient considérés comme grevés de substitution perpétuelle.

Dès les premiers jours de la Convention, quelle fut la thèse développée ? Ne convenait-il pas d'abolir d'une façon absolue la propriété communale ? L'auteur de cette proposition était le député Loiseau (de la Charente-Inférieure). Il demandait que l'on votât en principe l'abolition de la propriété communale.

Par un décret du 14 novembre 1792, l'Assemblée législative déclara que, dès cette année, immédiatement après les récoltes, tous terrains communaux autres que les bois seraient partagés entre les citoyens de chaque commune.

Le tiers des votes suffisait dans chaque commune pour faire ordonner l'exécution de cette mesure. La loi déclarait formellement que si le partage était voté par le tiers des habitants, la décision serait prise dans ce sens et considérée comme irrévocable.

Le sort des communaux était ainsi, dans chaque centre rural, abandonné à une oligarchie intéressée à leur absorption. L'opinion de la minorité faisait loi, si elle était favorable au partage. Jamais disposition plus anti-démocratique ne fut édictée.

Les conséquences de ce décret ne se firent pas long-temps attendre. Dans chaque commune, les plus riches, profitant aussitôt de l'ignorance et de l'imprévoyance des petites gens de la localité que le partage venait de rendre propriétaires des parcelles communales, leur en proposèrent le rachat, et absorbèrent ainsi légalement cette réserve des pauvres.

La loi du 10 juin 1793, comme suite aux décrets de 1792, déclare que le partage des biens appartenant aux communes serait fait par tête d'habitant, de tout âge et de tout sexe, absent ou présent.

L'assemblée des habitants de tout sexe ayant droit au partage, et âgés de vingt et un ans, était appelée à délibérer à ce sujet (titre III, art. 2 à 7). Ce n'était toujours pas la majorité qui faisait la loi ; si le tiers des voix se prononçait en faveur du partage, le partage devait être opéré (titre III, art. 9). Cette loi n'a jamais été expressément abrogée.

Les abus de cette législation ne tardèrent pas à être signalés par les intéressés. Dès l'an III, un député de la Creuse, Baraillon, l'attaquait comme spoliatrice de la propriété privée et comme ayant surtout servi à enrichir les gros propriétaires des villages entre les mains desquels tombèrent forcément les lots échus à leurs domestiques et journaliers.

En l'an IV, le considérant de la loi du 21 prairial reconnaissait qu'il était instant d'arrêter les funestes effets de l'exécution littérale de cette loi. « Il est sursis provisoirement, disait la loi du 21 prairial, à toute action et poursuite résultant de l'exécution de la loi du 10 juin 1793 sur le partage des biens communaux. »

Elle ajoutait : « Sont provisoirement maintenus dans

leurs jouissances les possesseurs actuels desdits terrains ».

Il ne s'agissait là que de dispositions provisoires.

Les partisans du partage tentèrent alors un dernier effort. Écoutons le rapporteur Delpierre, au Conseil des Cinq Cents ; il résume l'esprit de la Révolution expirante : « Convient-il à la République qu'il y ait dans son enclave des corporations dotées, qui, s'interposant entre l'État et ses membres, ne sont propres qu'à diviser la grande association en autant de petits gouvernements secondaires et à gêner la marche des administrations publiques ? »

L'Assemblée vota en principe le partage de ce qui restait de communaux, et l'on considéra comme un succès, pour l'opinion modérée de cette époque, d'avoir obtenu, dit le *Moniteur*, que le partage resterait facultatif de la part des habitants.

On renvoya ensuite à la Commission pour formuler un projet de loi conforme à ces bases. Ce projet, fort heureusement, ne fut jamais présenté.

Jusqu'en l'an XII, la loi du 10 juin 1793 n'était donc pas formellement abrogée, et, bien que les effets de cette loi eussent été suspendus par une disposition provisoire, on conçoit parfaitement comment les autorités départementales manquaient de force pour s'opposer à certains modes de partage déguisés sous la forme de mode de jouissance, lorsque le principe même du partage venait d'être à nouveau glorifié par un vote solennel, au sein de la plus influente des assemblées législatives.

D'après la loi du 9 ventôse an XII, confirmée par la loi du 9 brumaire de la même année, et finalement par la loi municipale de 1837, la commune ne peut être dépouillée de ses biens que par une aliénation, moyennant un prix payé par les acquéreurs de ces biens.

Le Conseil municipal de la commune a seul désormais le pouvoir de voter l'aliénation des biens communaux.

Est-ce à dire qu'il n'a plus été fait, depuis cette époque, de partage à titre gratuit? Tout au contraire, des usurpations considérables ont été commises sur le domaine communal, sous forme de partage, avec l'adhésion de l'autorité municipale.

Les usurpations étaient déjà si nombreuses en 1819, qu'une ordonnance royale avait établi des règles spéciales pour faire rentrer les communes dans la propriété des biens usurpés.

Après 1830 et 1848, de nouvelles usurpations furent commises avec la complicité de l'administration centrale. Supposons d'ailleurs l'application de cette loi qui était regardée comme un progrès, et considérons l'aliénation à titre onéreux, telle que la législation actuelle l'autorise. Admettons que cette aliénation soit faite dans les meilleures conditions, n'est-elle pas dans tous les cas nuisible aux petites gens?

L'argent de l'aliénation à quoi est-il employé? Ne s'expose-t-on pas à la tentation de dépenser le produit de la vente en améliorations actuelles, au détriment des générations futures? Ce serait une erreur aussi de s'imaginer en tirer meilleur parti en les vendant pour faire des placements en rentes sur l'État. On sait ce que durent les capitaux, à supposer qu'on ne les aliène pas dans un moment de pénurie de la bourse commune. Qui les garantira contre les spoliations? On ne connaît point de rentes dont l'origine remonte au XIIIe siècle. Beaucoup de communes ont pour leurs biens des titres remontant plus loin. Au point de vue de la sécurité pour l'avenir, les propriétés foncières offrent donc seules des garanties. N'en est-il pas de même au point de vue effectif?

Assurément, au moment de la vente, la rente à 5 % des capitaux obtenus sera supérieure au rendement à 3 ou 4 % des bois ou des terres labourables.

Mais on sait que l'argent baisse de valeur. Cent ans après, il est probable que, la valeur de l'argent ayant diminué, on n'obtiendra en réalité que 2 à 2 1/2 %, tandis que les bois donneraient toujours 3 à 4 %, à supposer même qu'ils ne donnent pas davantage.

Les communes, disait le Conseil du département de l'Orne, ne doivent que rarement être autorisées à vendre leurs biens-fonds pour placer les capitaux en rentes sur l'Etat. Leur revenu, il est vrai, en est momentanément accru ; mais, outre que ce mode de placement les expose à toutes les chances de hausse ou de baisse que peut subir la rente, il leur fait perdre encore le bénéfice de l'augmentation progressive de la propriété territoriale, dont le prix doit nécessairement s'élever, en raison même de la dépréciation constante des valeurs métalliques.

Ainsi parlèrent les Conseils généraux de la Creuse (session de 1837) ; de l'Aude (session de 1839) ; du Morbihan (session de 1843) ; des Pyrénées-Orientales (session de 1843).

Enfin, dernière infériorité du nouveau régime : dans l'ancien, les habitants étaient appelés à délibérer en assemblée générale sur les difficultés qui s'élevaient au sujet des biens communaux.

D'après les lois nouvelles, la délibération ne peut être prise que par les notables qui forment le Conseil municipal.

Si le Conseil municipal néglige ou refuse de soutenir une action légitime, les petites gens n'ont aucun moyen de parer aux inconvénients de son insouciance ou de son mauvais vouloir.

Le préfet seul pourrait contraindre le maire à agir.

Veut-on savoir les conséquences de ce régime ? D'après le rapport qui vient d'être publié par le ministère de l'Intérieur, les biens communaux n'occupent plus qu'une superficie de 4.316.310 hectares.

Le document officiel reconnaît qu'en dehors des bois, la superficie totale des terres appartenant aux communes a diminué depuis 1880 de 56.000 hectares. Cette diminution à porté sur 25.000 hectares de terres productives et sur 31.000 de terres dites improductives.

« L'administration forestière, dit Le Play dans les *Ouvriers européens*, a étendu généralement aux bois communaux les règlements qui restreignent de plus en plus les droits d'usage que les populations exerçaient autrefois sur ces biens qui leur appartiennent à titre indivis. Ces restrictions ont singulièrement nui au bien-être des populations rurales ; elles ont contribué surtout à diminuer le nombre des bestiaux que pouvaient nourrir les anciens usagers.

« Le tort fait sous ce rapport aux populations rurales est loin d'être balancé, au point de vue de l'intérêt public, par l'accroissement des revenus forestiers. »

Primitivement, chaque habitant avait le droit d'aller couper à volonté, dans la forêt communale, pour y approprier tout ce qui était nécessaire à ses besoins et à ses aisances.

Au moyen âge, nous ne voyons pas que l'autorité publique se soit mêlée, d'une manière directe, du régime intérieur des bois communaux.

Une troisième ère, touchant le régime des bois communaux, commence avec la promulgation de l'ordonnance de 1669. Les droits des usagers y sont restreints pour la première fois.

Le code forestier, sous lequel nous vivons actuellement, a encore augmenté les difficultés et les restrictions. C'est le préfet, c'est-à-dire l'administration centrale, qui règle en dernier ressort les applications de ces droits locaux.

Par un de ces empiétements bureaucratiques dont le gouvernement français a le secret, ces administrations prennent sur leur autorité, dans plusieurs départements, de déclarer que ceux-là seuls sont admissibles à participer à la distribution de l'affouage qui payent une contribution directe quelconque.

Peut-on, sans offenser les principes de l'humanité et sans se mettre en contradiction avec les destinations de la chose, refuser aux pauvres une denrée qu'ils n'ont pas les moyens d'acheter et qui est cependant de première nécessité ?

Si le prolétaire ne paye pas de contribution, il est un autre impôt, le plus terrible de tous, dont il n'est pas exempt : celui du sang. Comment y aurait il de la justice dans un système de privation tel, qu'après lui avoir perpétuellement refusé toute participation à une denrée commune et de première nécessité, on viendrait encore lui enlever son fils, le seul appui de sa vieillesse.

Il faut que chacun vive sur la terre où la Providence l'a placé ; évitons de mettre le pauvre dans la nécessité de se dégrader par le vol. Laissons-lui ce qu'on devrait déjà lui accorder à titre d'aumône, lors même qu'il n'aurait pas le droit, comme c'est le cas, de l'exiger.

Ces préfets qui excluent les prolétaires de la distribution de l'affouage et prennent sur l'indigence, remettent en mémoire une phrase célèbre de Chamfort : « Si un historien tel que Tacite eût écrit l'histoire de nos meilleurs rois, en faisant un relevé exact de tous les actes tyranniques, de tous les abus d'autorité, dont la plupart sont ensevelis dans l'obscurité la plus profonde, il y a peu de règnes qui ne nous inspireraient la même horreur que celui de Tibère. »

« Sont soumis au régime des forestiers, dit l'article premier du Code forestier, les bois, taillis, futaies appartenant aux communes, qui auront été reconnus susceptibles d'aménagement ou d'une exploitation régulière par l'autorité administrative. »

Voyons comment le régime bureaucratique administre ce domaine des déshérités.

Un quart des bois appartenant aux communes sera toujours mis en réserve, lorsque les communes posséderont au moins 10 hectares de bois, et si les habitants ont besoin de recourir à cette réserve, c'est au préfet que la commune devra s'adresser.

Le gouvernement, pour s'indemniser des frais d'administration des biens communaux, projeta d'abord de prélever un décime par franc sur le revenu des quarts en réserve, et le vingtième de la valeur des coupes en usance. L'énormité de ces prélèvements excita de vives réclamations. On fit observer que, dans un seul département, le gouvernement percevait une indemnité annuelle de plus de 180.000 francs sur les communes, obligées en outre de supporter les frais de garde de leurs bois. A la suite de ces récriminations, le gouvernement dut céder quoi qu'il en eût ; le projet n'eut pas de suite, mais il nous montre assez la tendance de l'Etat.

Les ventes de coupes ne doivent être faites que devant le préfet ou le sous-préfet ; effectuées par l'ordre des maires, elles donnent lieu contre eux à une amende qui ne peut être inférieure à trois cents francs, et la vente est déclarée nulle.

Quand une commune vend ses bois, le prix de l'adjudication se trouve diminué par une indemnité que prélève l'Etat pour arpentage, réarpentage, balivage, martelage et permis d'exploiter.

Ces sommes sont réparties entre les adjudicataires, mais sont en fait supportées par les communes, puisque les enchères se font en conséquence. De sorte que l'Etat, qui par la contribution imposée aux communes se trouve déjà plus qu'indemnisé, perçoit encore sur les adjudicataires des biens communaux une indemnité que la loi prohibe expressément.

Quant aux tracasseries, elles sont innombrables.

Quels que soient l'âge et la valeur des bois, les habitants ne peuvent y faire paître leurs bestiaux sans la permission de l'administration forestière, qui peut fixer également comme elle veut le nombre de porcs et de bestiaux admis au pâturage et au passage.

Les habitants ne peuvent faire pâturer dans les bois les animaux dont ils font commerce ; c'est à l'administration à désigner aux habitants les chemins par où ils doivent passer. Elle oblige à mettre des clochettes aux animaux mis en pâturage, etc., etc.

L'article 81 prononce la confiscation contre les usagers qui partageraient sur pied et couperaient individuellement le bois qui leur est accordé pour leur affouage, ce qui est fort bien ; mais c'est l'Etat qui s'adjuge le bois coupé indûment par l'affouagiste. C'est l'Etat qui perçoit l'indemnité pour le délit causé à la commune.

La plupart des communes n'ont d'autres ressources que leurs bois. Avant la Révolution, les bois communaux étaient exempts d'impôts ; la garde s'en faisait gratuitement.

L'article 9 de l'ordonnance de 1669 voulait que l'assiette des coupes ordinaires fût faite sans frais par le juge des lieux, et que, sauf quelques vacations extrêmement modérées des officiers de maîtrise, la surveillance des bois ne coûtât rien aux communes : l'habitant jouissait de leurs produits sans débourser.

Maintenant, au contraire, il faut d'abord prélever les impôts, le salaire des gardes, et, en outre, la part assez considérable des frais de l'administration forestière que l'on fait supporter aux communes.

V

« Dans une bonne constitution sociale, écrit Le Play (*Ouvriers européens*), les propriétaires doivent se partager le sol, mais ils ont un devoir impérieux à remplir envers ceux qui en sont dépourvus. Ils doivent les associer, dans la mesure du besoin, aux avantages de la propriété. Ce n'est pas seulement le devoir, c'est surtout l'intérêt des propriétaires, car la paix sociale est à ce prix. »

« De grande ancienneté, dit Coquille, les seigneurs,

voyant leur territoire désert et mal habité, concédèrent les *usages* à ceux qui viendraient habiter pour les y semoudre et à ceux qui déjà y étaient pour les conserver. »

L'établissement des droits d'usage, d'après l'unanimité des auteurs, est dû au besoin qu'avaient les seigneurs d'attirer ou de retenir les colons sur leurs terres. (Voir Hanrion de Pautey et ses *Dissertations féodales*, t. 1er, p. 440, col. 5.)

Ces sortes de concessions supposent d'ailleurs ce que nous avons précédemment constaté : le dépouillement des anciens habitants. Il n'y a pas eu véritablement concession d'usage faite au profit du peuple, mais restitution d'une partie de ce qui avait été confisqué.

Les seigneurs se trouvaient avoir de grands domaines, des bois considérables, mais peu d'habitants. Pour en augmenter le nombre, le moyen le plus efficace était d'améliorer leur situation en favorisant l'agriculture.

Pour cultiver, il faut des bestiaux ; de là l'abandon de pâturages communs aux habitants et la coutume de la vaine pâture. Il faut, de plus, des bâtiments, il faut du bois au foyer ; de là la faculté de couper du bois dans les forêts.

VAINE PATURE

Le droit de vaine pâture consiste dans la faculté que les habitants d'une commune ont d'envoyer pêle-mêle, en dépaissance, leurs bestiaux sur les fonds les uns des autres, lorsque ces fonds sont en jachères ou après qu'ils ont été dépouillés de leurs fruits.

Il résulte de là que le droit de vaine pâture est un véritable droit de communauté.

Les anciens jurisconsultes fondaient la vaine pâture sur le droit naturel.

« Il y a, disait Dunod, une autre faculté qui vient de la chose et qui consiste à en user lorsque, le faisant, on ne fait aucun ou peu de préjudice à celui à qui elle appartient. *Quidni alteri communicentur, quæ sunt accipienti utilia danti non molestia?* C'est un reste de l'ancienne communion des biens qui est fondé d'ailleurs sur l'humanité et l'avantage de la société des hommes. »

« Le droit de vaine pâture, disait Guy Coquille, est pour l'utilité publique, et, à cet effet, retranche de la liberté que chacun a en son héritage, en tant qu'après l'héritage dépouillé, icelui héritage est abandonné à chacun pour la pâture. »

Dans les pays de droit écrit, la vaine pâture est en usage ; mais comme la loi ne s'en occupe pas d'une manière explicite, elle n'a jamais été soumise qu'aux règles du droit commun ; elle y est considérée comme un reste de l'ancienne communauté des biens.

En général, dans les localités où le droit de vaine pâture est en usage, le propriétaire n'a droit qu'à la première herbe, et, quand cette récolte a eu lieu, la vaine pâture appartient à tous les propriétaires.

Le droit de parcours a la même origine et la même cause que celui de la vaine pâture, ou plutôt ce n'est autre chose que la vaine pâture qui prend le nom de parcours lorsque, par rapport aux mélanges de terre de divers territoires qui rentrent les uns dans les autres, elle s'exerce en commun par les habitants de plusieurs communes.

Le mot *parcours* vient du latin *percursus*, et l'on voit par là que l'étymologie s'applique parfaitement à la chose, attendu que, pour pâturer d'un territoire à l'autre, les bestiaux ont à parcourir plus de terrain.

Avant la Révolution, les droits de vaine pâture et de parcours avaient déjà subi de grandes modifications par suite de divers édits de nos rois qui, dérogeant aux usages suivis en diverses provinces, avaient permis aux particuliers de clore leurs héritages.

Mais ces modifications, ou dérogations au droit coutumier, ont été portées bien plus loin encore par la loi du 6 octobre 1791, touchant la police rurale, laquélle fixe sur ce point l'état actuel des choses pour toute la France :

Art. 3. — « Le droit de vaine pâture dans une paroisse, accompagné ou non de la servitude du parcours, ne pourra exister que dans les lieux où *il est fondé sur un titre particulier* ou *autorisé par la loi ou par un usage local immémorial*, et à la charge que la vaine pâture n'y sera exercée que conformément aux règles et aux usages locaux, que ne contrarieront pas *les réserves portées dans les articles suivants de la* présente section. »

Ainsi, quoique le droit qui est ici maintenu puisse être fondé en titre, il est encore, dans ce cas-là même, subordonné aux réserves et exceptions déterminées par les articles qui suivent. Or, ces articles se rapportent à la faculté qui est réservée aux propriétaires de clore leurs héritages pour en écarter l'usage de la vaine pâture.

Après ce commentaire de l'article 3, il faut encore considérer que le principe général est pour la liberté des fonds, et ce principe est bien formellement consacré par l'article premier de la loi précitée, portant que le territoire de France est libre dans toute son étendue.

Art. 4. — « Le droit de clore et de déclore les héritages résulte *essentiellement* de celui de la propriété, et ne peut être contesté à *aucun propriétaire*. L'Assemblée nationale abroge toutes les lois et coutumes qui peuvent contrarier ce droit. »

Art 5. — « Le droit de parcours et le droit de simple vaine pâture ne pourront, en aucun cas, empêcher les propriétaires de clore leurs héritages ; et, tout le temps qu'un héritage sera clos de la manière qui sera déterminée par l'article suivant, il ne pourra être assujetti ni à l'un ni à l'autre de ces droits ci-dessus. »

La loi de 1791, sur les usages ruraux, était une première atteinte aux droits de la collectivité. Elle opposait, pour la première fois, une restriction à la vaine pâture en permettant la clôture de l'héritage et, par conséquent, l'affranchissement du fond de l'exercice de la vaine pâture elle-même. Comme conséquence, les grands propriétaires n'avaient pas hésité à faire cette dépense de clôture, et, seuls, les petits propriétaires, les déshérités de la fortune, s'étaient trouvés dans l'impossibilité de mettre leurs propriétés en état de défense, en état de clôture. Mais le législateur de 1791 reconnaissait encore le droit de vaine pâture sur les prairies naturelles, et il imposait aux propriétaires l'obligation de cette tolérance.

On ne tarda pas à trouver ces dispositions encore trop peu avantageuses pour les riches.

Dix sept ans après, le chef du gouvernement chargea le ministre de l'Intérieur de lui présenter le projet d'un nouveau Code rural.

Chaptal, alors ministre, forma une Commission.

L'article 7 du projet rédigé par cette Commission portait que « personne n'a le droit de faire paître des bestiaux sur le terrain d'autrui, sans une permission expresse des propriétaires » ; et l'article 8 déclarait rachetable tout droit de pacage fondé sur un titre.

« Toutes ces dispositions de lois et tous ces actes divers de l'autorité démontrent que c'est avec raison que nous sollicitons l'entière suppression des usages dont il est question. Nous avons cru devoir arrêter que nul n'aurait le droit de faire paître ses bestiaux sur le terrain d'autrui sans son consentement ; ainsi les propriétaires resteraient toujours les maîtres de louer la vaine pâture de leurs champs.

« Les raisons qui avaient fait craindre à l'Assemblée constituante les effets de la suppression subite du parcours et de la vaine pâture et qui l'avaient rendue si circonspecte, se sont aussi présentées à nous, et, par le 2e paragraphe du premier article, nous donnons aux préfets le droit de retarder en tout ou en partie, et suivant les circonstances locales, l'exécution de cet article, jusqu'au *terme de trois années ;* ils feront à ce sujet les règlements convenables. »

Un décret, donné à Bayonne le 19 mai 1808, avait ordonné qu'avant sa discussion au Conseil d'Etat, le projet serait communiqué à des Commissions consultatives, formées dans le chef-lieu de chaque Cour d'appel, et qui devaient être composées du préfet, du procureur général, de plusieurs magistrats désignés par le ministre de la Justice, de trois membres des Conseils généraux des départements du ressort, nommés par le ministre de l'Agriculture, et des cultivateurs notables ou des membres de la Société agricole qu'il est loisible au préfet d'appeler.

Mais ce décret ne reçut qu'un commencement d'exécution. L'administration publique en fut bientôt détournée par les événements qui amenèrent la chute du trône impérial. On en resta donc aux articles 4 et 5 de la loi de 1791 qui déclaraient que le droit de clore résulte essentiellement de celui de propriété qui ne peut être contesté à aucun propriétaire, et que les droits du parcours et de vaine pâture ne pourraient en aucun cas y former obstacle, Toutes les lois et coutumes contraires demeuraient abrogées. C'était la suppression de la vaine pâture.

Mais cependant le Code civil la reconnaît encore. Le propriétaire qui veut clore perd son droit à la vaine pâture proportionnellement à la surface du terrain qu'il soustrait. N'est-ce pas là une reconnaissance, faite par la loi elle-même, de l'usage de la vaine pâture ?

En 1889, une loi nouvelle :

Art. 5. — « Dans aucun cas et dans aucun temps, la vaine pâture ne peut s'exercer sur les prairies natuturelles et artificielles. »

On avait donc décidé que, sur les prairies naturelles, on ne jouirait plus de la vaine pâture. On édictait que désormais le malheureux, le pauvre, celui qui n'aurait pas de propriété, ne pourrait plus avoir de bétail, ne pourrait plus le faire pacager sur les prairies naturelles. Que va devenir ce petit, ce pauvre, ce malheureux vieillard qui ne possède qu'une ou deux têtes de bétail qu'il mène au pré et qui vit de ce maigre produit?

Mais cela importait peu, vraiment, à nos députés. Veut-on savoir dans quelles conditions cette mesure anti-sociale avait été votée? Écoutons ce que l'un d'entre eux a dit à la Chambre, devant les députés eux-mêmes, sans aucune réclamation de leur part. (Chambre des députés, séance du 27 février 1889. Compte rendu du *Journal officiel* du 28 février 1890.) M. Cunéo d'Ornano: « Oui, c'est la loi du 9 juillet 1889 qui, dans son article 5, et par un seul mot qui est en contradiction avec l'article 2, semble avoir supprimé, non seulement sur les prairies artificielles, — et nous admettons cette suppression, — mais même sur les prairies naturelles, — et c'est ce qui nous semble excessif, — la tolérance de vaine pâture, ce qui alors ne laisse rien au bétail des pauvres gens !

« Le législateur s'est-il douté de l'exagération de cette mesure ? Je ne sais, car la loi n'a pas été discutée ; c'est en effet au mois de juillet, à l'heure où la question politique préoccupait surtout nos collègues, c'est à ce moment-là que cette partie du Code rural est venue à l'ordre du jour et que la rédaction a été adoptée sans débats.

« Je ne voudrais pas accuser d'inattention l'ancienne Chambre, dont je faisais partie, mais il est presque excusable qu'à cette époque tardive de l'année, à ce moment où la question de forme du gouvernement ou du moins la grosse question du gouvernement de ce pays était agitée, on n'ait pas discuté, article par article, cette loi d'intérêt rural. » (*Marques d'assentiment.*) — M. Bizarelli : « Elle a passé comme une loi d'intérêt local. »

— M. Cunéo d'Ornano : « A la faveur de cette célérité, une disposition dangereuse et contradictoire s'est donc glissée dans la loi. » (*Très bien ! Très bien ! sur divers bancs*.) Voilà la légèreté avec laquelle les élus du peuple décrétaient la ruine de milliers de gens, sacrifiant à l'intérêt des propriétaires, ainsi que l'a reconnu un député, l'intérêt des pauvres et des petits.

Dans la vallée de la Charente, depuis Luzé jusqu'à Fouras, c'est-à-dire depuis la source jusqu'à l'embouchure de la Charente, il y a une étendue de 250 à 300 kilomètres de longueur sur une largeur moyenne d'environ deux kilomètres, où les habitants ne vivent que de la vaine pâture. Depuis l'invasion du phylloxera, l'élevage des bestiaux est devenu la seule ressource agricole de ce pays. La suppression de la vaine pâture était la ruine complète de ces populations déjà si éprouvées.

Dans le Jura et dans la Savoie, la situation était la même, et ce furent les réclamations des électeurs de ces pays qui déterminèrent leurs députés, MM. Bourgeois, Cunéo d'Ornano et le comte Lemercier à faire rapporter cette loi d'iniquité. « J'ai reçu de mes commettants, disait M. Bourgeois, et j'ai entendu plus de vingt de mes collègues dire qu'ils avaient reçu ces mêmes réclamations.

« Assurément, dirent alors ces Messieurs, reconnaissant, mais un peu tard, leur faute, assurément, les propriétaires qui possèdent des prairies n'ont pas d'intérêt à la vaine pâture. Mais, dans un grand nombre de communes, il existe des travailleurs qui ont le malheur de ne pas posséder de prairies et qui, cependant, s'efforcent d'augmenter le produit de leur travail agricole, très peu rémunérateur, hélas ! en-élevant quelques animaux dont la vente leur procurera un petit bénéfice à certains moments de l'année.

« C'est le bétail des pauvres gens, c'est le modeste troupeau du chef de famille qui ne possède que ses bras, c'est cet intérêt-là qui nous préoccupe, nous qui ne voudrions pas législativement supprimer la vaine pâture sur les prairies naturelles ; ce n'est pas le troupeau des propriétaires riches : ceux-ci ont toujours à leur portée le moyen d'élever leur bétail. » (*Bruit.*)

GLANAGE

On appelle glanage l'action de ramasser dans les champs, après l'enlèvement des récoltes, les épis abandonnés. Dès la plus haute antiquité, les législateurs ont imposé aux propriétaires l'obligation de lais r glaner dans leurs champs.

Le premier de ces législateurs fut Moïse. Le Lévitique (ch. IV, V, IX et X) entre dans les moindres détails de cette sublime servitude, imposée aux possédants par le grand inspiré : *non tondebis usque ad solum superficiem terræ ; nec remanentes spicas colliges, neque in vinea tua racemos et grana decidentia congregabis, sed pauperibus et peregrinis carpenda dimittes.*

Le glanage emportait le sacrifice, pour le propriétaire, d'une partie de sa récolte.

Dans notre ancien droit, le droit de glanage était absolu, et les propriétaires n'avaient pas le moyen de s'y soustraire. Il existe sur le glanage une ordonnance de saint Louis, une ordonnance de Henri II, du 2 novembre 1550, qui permettent le glanage « aux gens vieils et débilités de membres, aux petits enfants ou autres personnes qui n'auront pouvoir ni force de seyer, après toutefois que le seigneur ou le laboureur aura permis ou enlevé ses gerbes. »

Mais nos légistes, les grands admirateurs de la propriété absolue, c'est-à-dire sans devoir social, les économistes, dès la fin de l'ancien régime, attaquaient le glanage comme contraire au droit de propriété.

Une loi de 1791 fut la première atteinte à ce droit des pauvres, car elle interdit la faculté de glaner dans tout enclos rural : c'était donner aux propriétaires la faculté de se soustraire à un devoir social.

Cette prohibition fut renouvelée par l'ordonnance du 4 thermidor an XIII.

Puis les maires s'arrogèrent le droit de défendre le glanage à toute personne non pourvue d'une carte délivrée par eux.

Le Code pénal (art. 471, n° 10) punit d'amende, et même d'emprisonnement, ceux qui auront glané dans les champs non encore dépouillés et vidés de leurs récoltes, ou avant le moment du lever ou après le coucher du soleil.

Enfin la jurisprudence accorde aux propriétaires d'un champ moissonné une sorte de glanage anticipé qui frustre ainsi les pauvres.

Le propriétaire, d'après les arrêts de la Cour de cassation, peut recueillir et faire ramasser les épis, même après que la récolte a été coupée.

Que devient alors ce patrimoine du pauvre, que doivent constituer les épis abandonnés, cette épave dont la loi prend possession, au profit de la classe dirigeante ?

En résumé, notre travail a eu pour but (l'a-t-il réalisé) de mettre sous les yeux de nos lecteurs, par l'histoire du passé et par l'observation du présent, les causes du socialisme agraire dont M. Jaurès s'est fait récemment à la tribune française le retentissant champion.

Ces causes sont en général l'abandon des grands principes de l'économie sociale chrétienne et elles peuvent se préciser dans :

1° la destruction des communaux et droit d'usage,

2° l'insécurité des petits domaines.

. Contre ce dernier mal, des noms éloquents et autorisés — M. de Mun, M. l'abbé Lemire — se sont élevés depuis notre appel de 1886.

Contre le premier mal nul ne s'élève encore et c'est à la défense de l'hypothèque du pauvre que nous convions les catholiques de bonne volonté qui veulent la paix sociale.

————

TABLE DES MATIÈRES

Imprimerie BUSSIÈRE. — Saint-Amand (Cher)

Documents manquants (pages, cahiers...)
NF Z 43-120-13

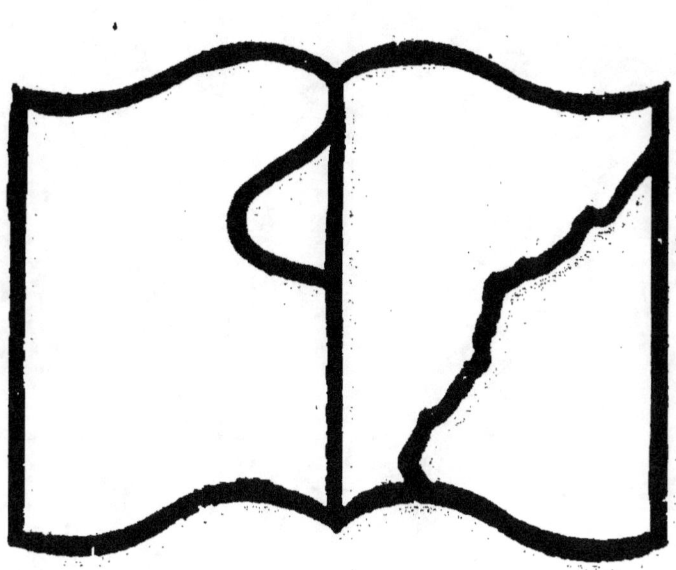

Texte détérioré — reliure défectueuse
NF Z 43-120-11